GÉNÉRAL H. BONNAL

LE

HAUT COMMANDEMENT FRANÇAIS

AU DÉBUT DE CHACUNE DES GUERRES

DE 1859 ET DE 1870

LA MANŒUVRE DE MAGENTA

ÉTUDE SUR LA PSYCHOLOGIE MILITAIRE DE NAPOLÉON III EN 1859

ET SPÉCIALEMENT DU 12 MAI AU 4 JUIN

Avec 8 croquis

LE DÉSASTRE DE METZ

ÉTUDE SUR LA PSYCHOLOGIE MILITAIRE DE BAZAINE EN 1870

ET SPÉCIALEMENT DU 6 AU 16 AOÛT

Avec 4 croquis

PARIS

EDITIONS DE *LA REVUE DES IDÉES*

7, RUE DU VINGT-NEUF JUILLET, 7

ET

LIBRAIRIE MILITAIRE R. CHAPELOT ET Cie

3o, RUE ET PASSAGE DAUPHINE, 3o

LE HAUT COMMANDEMENT FRANÇAIS

AU DÉBUT DE CHACUNE DES GUERRES

DE 1859 ET DE 1870

GÉNÉRAL H. BONNAL

LE
HAUT COMMANDEMENT FRANÇAIS
AU DÉBUT DE CHACUNE DES GUERRES
DE 1859 ET DE 1870

LA MANŒUVRE DE MAGENTA

ÉTUDE SUR LA PSYCHOLOGIE MILITAIRE DE NAPOLÉON III EN 1859

ET SPÉCIALEMENT DU 12 MAI AU 4 JUIN

Avec 8 croquis

LE DÉSASTRE DE METZ

ÉTUDE SUR LA PSYCHOLOGIE MILITAIRE DE BAZAINE EN 1870

ET SPÉCIALEMENT DU 6 AU 16 AOUT

Avec 4 croquis

PARIS

ÉDITIONS DE *LA REVUE DES IDÉES*

7, RUE DU VINGT-NEUF JUILLET, 7

1905

LA MANOEUVRE DE MAGENTA

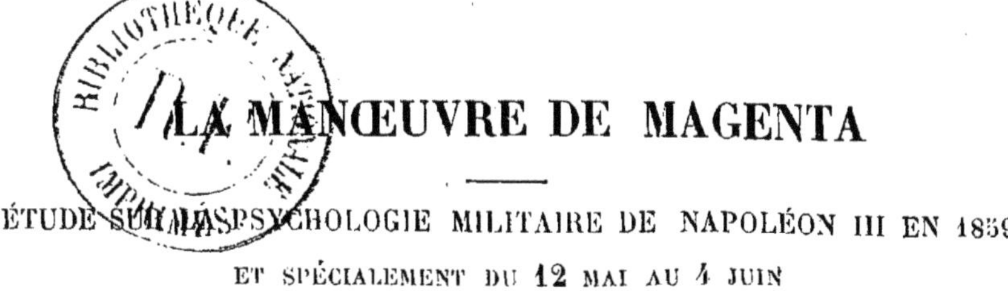

LA MANŒUVRE DE MAGENTA

ÉTUDE SUR LA PSYCHOLOGIE MILITAIRE DE NAPOLÉON III EN 1859

ET SPÉCIALEMENT DU 12 MAI AU 4 JUIN

AVANT-PROPOS

Sous ce titre : *le Maréchal Canrobert, souvenir d'un siècle*, M. Germain Bapst a écrit un ouvrage anecdotique dont le troisième volume, presque entièrement consacré à la campagne de 1859 en Italie, vient de paraître.

Par ses nombreux entretiens avec le maréchal et grâce à ses minutieuses recherches documentaires, l'auteur a su faire revivre en quelque sorte les événements de cette campagne.

Ce qui frappe à la lecture du volume en question, c'est l'analogie de la situation créée à l'armée française d'Italie dans les premiers jours de mai 1859 avec celle qui échut à l'armée du Rhin vers la fin de juillet 1870.

Aux deux époques, même pénurie de moyens matériels, insouciance de tous et de chacun, ignorance de la guerre napoléonienne, et faiblesse du haut commandement.

Mais, en 1870, les armées allemandes, organisées, instruites et commandées à la prussienne, étaient aussi redoutables que l'armée autrichienne de 1859 l'était peu.

M. Germain Bapst donne connaissance en ces termes d'un fait qui explique pourquoi les opérations de l'armée française d'Italie sont restées jusqu'à ce jour assez obscures, en dépit d'un historique officiel très volumineux.

« L'ouvrage officiel raconte les événements comme ils auraient dû se
« passer, et non comme ils se sont accomplis.

« Il ne fournit aucune pièce officielle : lettres, ordres, dépêches,
« parce que ces documents seraient venus contredire les appréciations
« et les récits du livre...

« Toutefois, il semblait qu'il restât aux historiens la ressource de
« fouiller les cartons de la campagne d'Italie, au ministère de la guerre. .

« Malheureusement, la plupart des documents (qu'ils renfermaient)
« ont été détruits.

« Voici à quelle occasion :

« L'ouvrage officiel, en cachant les imperfections du commandement,
« et en particulier la suite des ordres et des contre-ordres qui avaient
« amené un décousu perpétuel dans les opérations, n'eût atteint qu'à
« moitié le but proposé si les pièces officielles eussent permis aux his-
« toriens de l'avenir de reconstituer la vérité ; aussi le ministre d'alors
« (M¹ Randon) fit-il *détruire ces pièces*, et c'est ainsi que l'on trouve
« dans les cartons de la campagne d'Italie de nombreuses chemises qui
« portent des intitulés pompeux, mais vides...

« Cependant, on ne peut jamais étouffer complètement la vérité et
« dans le cas présent il nous a été donné de retrouver un grand nombre
« d'ordres, que ceux qui les avaient reçus avaient gardés et dont beau-
« coup sont venus plus tard, au ministère de la guerre même, prendre
« la place des minutes détruites... »

Nous avons fait de nombreux emprunts à M. Germain Bapst, et sans
lui la présente étude n'eût pas été possible. Qu'il veuille bien recevoir
ici l'expression de notre gratitude.

I

LA PRÉPARATION DE LA GUERRE D'ITALIE

En France.

Dès le mois d'avril 1856, au lendemain de la signature du traité de Paris, le comte de Cavour reçut de Napoléon III l'assurance que la guerre de la France contre l'Autriche n'était qu'une question de temps. Il s'agissait donc de s'y préparer, mais, à part le renforcement de la garnison de Lyon, portée à 26.000 hommes, et la création d'un camp d'instruction aux environs de Châlons-sur-Marne, rien ne fut fait dans ce sens.

L'année suivante, l'empereur réunit la garde au camp de Châlons et, pour se faire la main, la fit manœuvrer.

Ce furent, toute proportion gardée, des spectacles à l'instar des pièces militaires de l'ancien hippodrome. L'ennemi était supposé, on distribuait à l'avance le programme de chaque séance réglée comme un ballet, et les troupes croyant manœuvrer évoluaient dans l'esprit et suivant les procédés de la Guerre de Sept Ans. Le soir de chaque manœuvre, maréchaux et généraux se réunissaient au quartier impérial, et là, chose incroyable mais absolument véridique, en présence du souverain, le maréchal Vaillant leur lisait le récit des batailles du Premier Empire dans l'ouvrage de M. Thiers sur le Consulat et l'Empire. C'était le seul aliment intellectuel — et combien maigre ! — qu'offrait Napoléon III à ses futurs lieutenants. Faire la lecture à des collégiens, le soir après dîner, passe encore, mais à des généraux !

En 1858, furent créés cinq grands commandements territoriaux ayant pour chefs-lieux : Paris, Lyon, Nancy, Tours et Toulouse.

Cette mesure ne changeait rien à la constitution de l'armée dépourvue en temps de paix des organes de direction et d'entretien, nécessaires aux troupes en campagne, en sorte qu'au moment d'une guerre il faudrait, comme par le passé, improviser corps d'armée, divisions, brigades et services administratifs.

La même année, fut adopté un matériel de canons rayés, mais on en tint la fabrication si secrète qu'au moment de la guerre d'Italie, lorsque les batteries furent pourvues du nouveau matériel, personne ne savait s'en servir. Le même fait s'est produit en 1870, en ce qui concerne les mitrailleuses.

Le 1er janvier 1859, à la réception du nouvel an, l'empereur dit à l'ambassadeur d'Autriche :

« Je regrette que nos relations avec votre gouvernement ne soient « pas aussi bonnes que par le passé. »

C'était l'indice d'une guerre à brève échéance, et personne en Europe ne s'y trompa. Dès les premiers jours de janvier, le gouvernement autrichien prit donc des mesures pour renforcer ses troupes en Lombardie. Le 16 du même mois, fut signé un traité d'alliance entre la France et le Piémont.

Le 18 janvier, l'empereur exposa au maréchal Vaillant, ministre de la guerre, l'hypothèse suivante :

« Les Piémontais ont été battus et nous allons à leur secours. »

La solution du ministre, telle qu'elle fut adressée, le jour même, au maréchal de Castellane, à Lyon, fut celle-ci : « *Voici ma pensée la plus* « *secrète*. Que devrions-nous faire pour être en mesure de porter *deux* « *bataillons de chasseurs* (!) à Turin, par le mont Genèvre et le mont Cenis, « si l'on réclamait là-bas des secours immédiats (1) ? »

Deux bataillons de chasseurs pour secourir l'armée piémontaise que l'on suppose dans le cas d'être attaquée par des forces autrichiennes doubles !...

Tout commentaire serait superflu.

Jusqu'au 10 mars il ne fut pas plus question de guerre en France que si la paix ne devait pas être bientôt troublée.

Ce jour-là, le prince Napoléon, depuis longtemps acquis à la cause italienne et que son récent mariage (30 janvier) avait fait le gendre du roi Victor-Emmanuel, transmit à l'empereur une dépêche de Turin annonçant que 177.000 Autrichiens concentrés derrière le Tessin étaient à la veille d'envahir le Piémont.

. (1) *Le Maréchal Canrobert,* par M. Germain Bapst.

Ordre fut alors envoyé au général de Mac-Mahon, qui commandait l'armée d'Afrique, de réunir sur la côte 14 régiments prêts à être embarqués.

En outre, le ministre de la guerre dut former à Briançon, sous le général Bourbaki, une division d'avant-garde à porter sur Turin au premier signal.

Le 28 mars, ordre au maréchal de Castellane d'organiser une 5e division d'infanterie à Lyon et une 6e division dans le midi.

Au commencement d'avril, 20.000 hommes de troupes d'Algérie sont débarquées à Marseille et à Toulon.

Le 14 du même mois, le colonel Saget était parti pour Turin en vue d'y réunir des approvisionnements pour l'armée française.

Trois jours après, le 17, ordre au maréchal de Castellane de faire partir la division Renault pour Grenoble et de concentrer la division Bourbaki sur Briançon.

Le ministre de la guerre s'aperçut alors que cette division n'avait ni divisionnaire, ni brigadiers. Le général Bourbaki était à Besançon, ne se doutant de rien, le général de brigade Ducrot, à Orléans, et le général de brigade Trochu, à Paris.

Le 19 avril, partit de Vienne, à l'adresse du gouvernemement piémontais, un ultimatum lui donnant trois jours pour désarmer. Les deux officiers autrichiens porteurs de l'ultimatum perdirent quarante-huit heures à Milan et n'atteignirent Turin que le 23 avril.

Le 21 avril, l'empereur donne l'ordre de former 5 corps d'armée, sans compter la garde.

Deux corps d'armée, les 1er (maréchal Baraguay d'Hilliers) et 2e (général de Mac-Mahon) plus la garde (général Regnaud de Saint-Jean-d'Angély) devaient s'embarquer à Marseille et Toulon, pour être transportés à Gênes.

Deux autres corps d'armée, les 3e (maréchal Canrobert) et 4e (général Niel), franchiraient les Alpes, au Mont-Cenis et au Mont-Genèvre.

Un corps d'armée, le 5e (prince Napoléon), serait mis en mouvement plus tard.

Jusqu'à l'arrivée de l'empereur, lequel entend commander l'armée franco-sarde, le maréchal Canrobert dirigera les opérations des 3e et 4e corps, et le maréchal Baraguay d'Hilliers, celles des 1er, 2e corps et garde.

Quand ces ordres sont lancés, les maréchaux et généraux désignés pour des commandements se trouvent encore dans leurs garnisons respectives, ne sachant rien de la situation ni du rôle qu'on veut leur faire jouer.

Le maréchal Canrobert arrive à Lyon, le 23 avril à 10 h. du soir. Au milieu de la nuit, lui parvient l'ordre télégraphique « de faire franchir la frontière à son armée (3ᵉ et 4ᵉ corps), sur-le-champ ».

Dans la matinée suivante, il reçoit des télégrammes semblables à celui-ci, que lui envoie de Gap le général Bourbaki :

« Les troupes de ma division sont sans couvertures. Il fait froid. Nous
« n'avons ni tentes, ni bidons, ni effets de campement, ni cartouches.
« Il n'y a pas de foin. Absolument rien de ce qui est nécessaire à l'orga-
« nisation d'une division n'a été envoyé à destination... »

Aux demandes du maréchal Canrobert, l'empereur répond, le 24 au soir :

« Je maintiens l'ordre déjà donné de passer la frontière sans délai. »
Le 25 dans la matinée, le général Niel arrive à Lyon et transmet l'ordre au maréchal Canrobert de concentrer ses forces entre Suze et Turin, *en restant sur la défensive* jusqu'à l'arrivée de l'empereur. L'ordre était complété par cette prescription bien faite pour étonner :

« Si toutefois le roi Victor-Emmanuel est trop pressant, le maréchal
« se rendra *lui-même* sur la Dora Baltea et pourra y porter une partie
« de ses troupes, *sous sa responsabilité personnelle*. »

Le 26 avril au soir, le maréchal Canrobert télégraphiait au ministre de la guerre :

« On a oublié, dans mon corps d'armée, les états-majors, l'intendance,
« la prévôté, le service de santé, l'artillerie et le génie... »

Les ordres de départ des divisions de Briançon, de Grenoble et de Lyon et les ordres d'embarquement des troupes de Provence et d'Algérie ayant été lancés le 23 avril, on ne pouvait espérer de voir le groupe des Alpes et le groupe de Gênes réunis, l'un sur Casale, l'autre sur Alexandrie, avant le 8 ou le 10 mai.

En Autriche.

Les traités de 1815 avaient attribué à l'Autriche la Lombardie et la

Vénitie. La frontière autrichienne suivait donc la rive gauche du Tessin, puis celle du Pô.

Au commencement de janvier 1859, l'armée autrichienne d'occupation se composait de trois corps d'armée (5e, 7e et 8e).

Dans le courant du même mois, elle fut renforcée du 3e corps amené de Vienne.

Le 1er mars, fut décrétée la mobilisation de l'armée d'Italie, que devait bientôt rallier le 2e corps formé à Vienne en remplacement du 3e.

L'armée autrichienne allait donc comprendre cinq corps d'armée, sous les ordres du comte de Gyulai.

Cet officier général avait autrefois rempli diverses missions diplomatiques, mais n'avait jamais fait la guerre ni commandé de grands rassemblements de troupes. D'après Moltke, « il jouissait de la faveur particulière de son auguste souverain ».

La mobilisation de l'armée autrichienne d'Italie s'effectua d'une façon très incomplète, car, au lieu des 200.000 hommes prévus, elle n'en avait, à la fin d'avril, que 135.000, dont 100.000 seulement purent participer aux premières opérations.

Dans le courant de la campagne, l'effectif fut porté à 150.000 hommes par l'arrivée de plusieurs renforts (9e corps, division Thun, et 1er corps).

En Piémont.

Le Piémont poussa ses armements, dans le courant de mars, parallèlement à ceux de l'Autriche.

Dans le but de résister aux Autrichiens en attendant le secours de l'armée française, on avait fait choix d'une position marquée par le Tanaro et par le Pô, la droite à Alexandrie, place forte, la gauche à Casale, organisée en place du moment (1), position qui présente un front de 40 kilomètres.

L'armée sarde atteignit, vers la mi-avril, l'effectif de 64.000 hommes répartis entre cinq divisions d'infanterie et une de cavalerie.

Le 26 du même mois, l'armée sarde disposait de :

12000 hommes, à Novi et environs, pour donner la main aux troupes françaises quand elles débarqueraient à Gênes ;

---

(1) Une ville ouverte peut être organisée en « place du moment » au moyen de travaux de fortification en terre, effectués en quelques jours.

20.000 hommes, derrière la Dora-Baltea, afin de couvrir Turin ;

32.000 hommes, sur la position Alexandrie-Casale.

Cette position était trop étendue pour l'effectif des troupes qui l'occupaient, et les 20.000 hommes attribués à la défense de Turin auraient été mieux placés à Casale, car les Autrichiens ne pouvaient marcher sur Turin en négligeant sur leur flanc gauche cette place du moment, si elle eût été fortement occupée.

II

Les plans de réunion et les plans d'opérations

La stratégie de Napoléon III.

Quelle était la stratégie de Napoléon III en matière de réunion des forces et de plan d'opérations ?

L'empereur, ex-officier d'artillerie dans la milice helvétique, était dépourvu d'expérience personnelle pour la conduite des troupes. Il avait étudié les campagnes de son oncle dans l'histoire du Consulat et de l'Empire de M. Thiers et possédait sur la stratégie moderne les idées vagues qu'un profane peut retirer de la lecture du précis de l'art de la guerre que Jomini a publié en 1837.

Le maréchal Vaillant, ministre de la guerre, devait remplir les fonctions de major général à l'armée d'Italie.

C'était un ancien officier du génie, âgé de 70 ans, obèse, insouciant, dépourvu d'activité et ne pouvant aller à cheval qu'au pas.

L'emploi de premier aide-major général allait échoir au général de Martimprey, nature d'élite, travailleur infatigable, sur qui reposerait tout le poids des mesures d'exécution à prescrire en vue de donner une forme nette aux ordres le plus souvent imprécis de l'empereur.

Napoléon III accordait sa confiance, pour les opérations militaires, aux généraux Niel et Frossard, provenant, l'un et l'autre, de l'arme du génie.

Le général Niel, au cours d'une mission à Turin, vers la mi-janvier, s'entretint avec le général de la Mormora de la concentration éventuelle de l'armée sarde sur la position Alexandrie-Casale, qu'il approuva, mais le comte de Cavour, hanté par la crainte de voir les Autrichiens marcher sur Turin, fut assez persuasif pour le convaincre qu'il fallait occuper en forces la Dora dans le but de couvrir la capitale du Piémont.

A son retour à Paris, le général Niel travailla avec l'empereur, et tous les deux tombèrent d'accord sur la nécessité de n'envoyer en Italie que la moitié des forces disponibles de la France, l'autre moitié devant constituer une armée d'observation sur le Rhin.

Sur ces entrefaites, Napoléon III fit demander à M. Thiers un plan d'opérations. Il ne pouvait faire un plus grand plaisir à l'historien du Consulat et de l'Empire.

M. Thiers rédigea un mémoire qui se terminait par ces mots :

« Pour réduire l'Autriche, *il faut prendre Vienne*, et pour atteindre ce
« but il faut, comme Napoléon, faire deux armées, l'une d'Italie, l'autre
« du Rhin, qui marcheront simultanément contre la capitale autri-
« chienne (1). »

Des armées à vaincre, il n'était pas question.

Ce plan, est-il besoin de le dire, parut à l'empereur beaucoup trop vaste.

Le 1er mars, le général Niel remit au souverain un projet de réunion de l'armée française en Italie.

D'après ce projet, l'armée sarde aurait une division à Novi pour couvrir Gênes, une division à Alexandrie, une autre à Casale et deux divisions derrière la Dora en couverture de Turin, au total, 5 divisions : c'était le cordon dans toute son horreur.

Le projet suppose que, huit jours après la déclaration de guerre, on disposera de 48.000 Français à Suze, et, huit jours plus tard, de 84.000 à Gênes, en tout 132.000 hommes prêts à marcher.

Après lecture, l'empereur aurait dit :

« Quand on demande un travail quelconque, il n'y a que des officiers
« d'armes spéciales capables de le faire, mais si l'on donne un grand
« commandement à l'un d'eux, tous les officiers de troupe se mettent à
« crier (1). »

Incapable d'apprécier par lui-même la valeur des propositions du général Niel, Napoléon III eut recours, en guise de contrôle, au général Frossard.

Pour la plupart, les officiers du génie sont des ingénieurs pour qui les manœuvres, les forces morales, en un mot la guerre de mouvements, n'ont qu'un sens assez vague.

Le général Frossard ne pouvait donc que partager l'avis du général Niel.

(1) *Le Maréchal Canrobert,* par M. Germain Bapst.

Cependant, M. de Cavour insistait avec véhémence auprès du roi et des généraux sardes pour que l'on fortifiât la ligne de la Dora, et le prince Napoléon ne se faisait pas faute de communiquer à l'empereur toutes les lettres qu'il recevait de Turin à ce sujet.

Le 23 avril, énervé de cette insistance, Napoléon III fit donner l'ordre au général Frossard de partir aussitôt pour Turin et d'étudier sur place les moyens de défendre la ligne de la Dora.

Une fois sur les lieux, le général Frossard trouva, cela va sans dire, la position excellente, à la condition qu'elle fût renforcée par des ouvrages en terre et occupée par trois divisions d'infanterie, dont une française à envoyer de Suze.

Le plan Jomini.

Dans les derniers jours d'avril, le 26 ou le 27, l'empereur obtint du général Jomini, alors âgé de 80 ans, un plan d'opérations contre l'armée autrichienne d'Italie.

Peu satisfait des avis exprimés séparément par M. Thiers et les généraux Niel et Frossard, Napoléon III, en mal de stratégie, s'adressait, on le voit, au prince de la science militaire avec l'espoir d'obtenir de lui une recette infaillible pour vaincre.

Le jour où Jomini rédigea le projet d'opérations que nous allons reproduire *in-extenso*, on savait en France que l'armée autrichienne, forte de 5 corps d'armée, était concentrée derrière le Tessin, autrement dit, sur la frontière, aux environs de Pavie et un peu au nord de cette ville.

Le projet de Jomini, conçu d'après la position des Autrichiens à la date du 25 avril, n'était donc valable qu'autant que ceux-ci ne bougeraient pas.

En voici le texte :

1° « Il est difficile de rien préjuger tant que les armées française et « sarde ne seront pas réunies, car les Autrichiens prendront peut-être « une *offensive vigoureuse pour empêcher cette réunion.*

« 2° Le premier objet à se proposer est donc la jonction des deux « armées entre Alexandrie et Casale (ou Verceil). C'est le plan de La Mor- « mora avec la variante d'une extension sur Verceil.

« 3° La réunion opérée, il y aura à décider si l'on se portera, par la

« droite sur Plaisance, au centre sur Pavie, ou à gauche sur Magenta.

« 4° Pour manœuvrer par la droite, il faut passer le Pô enflé par la
« fonte des neiges en face d'une armée considérable, entre deux camps
« retranchés (Pavie et Plaisance) et courir le risque, en cas d'échec, d'une
« retraite sur Gênes, qui serait désastreuse si l'Angleterre voulait en
« profiter, ce qui est à craindre du ministère Tory.

« 5° Attaquer Pavie au centre, c'est prendre le taureau par les cornes
« et risquer un revers, sans grand résultat en cas de succès.

« 6° Il est donc évident qu'il n'y a pas de meilleur parti à prendre que
« d'en revenir au plan de Charles-Albert de 1849, en passant le Tessin sur
« l'extrême droite des Autrichiens. Mais *il est indispensable de couvrir la*
« *route de Pavie à Verceil* pour arrêter les Autrichiens qui accourront
« du sud. Ce sera derrière ce corps de couverture que toute l'armée filera,
« par Novare, sur Turbigo et Magenta.

« C'est parce que Charles-Albert n'a pas pris la précaution de se cou-
« vrir vers le sud qu'il a été battu (1). »

Ce plan, improvisé par un illustre contemporain des guerres napolé-
oniennes, semble, au premier abord, très judicieux. Il a servi de guide
aux opérations de l'armée franco-sarde.

Mais il suppose que les Autrichiens resteront immobiles à Pavie, ce
qui, contrairement à toute vraisemblance, s'est produit.

Plaisance étant fortifiée, il fallait, pour aborder le Pô de ce côté, être
en possession d'un équipage de siège attelé; or, cette condition n'était
pas remplie.

Se porter sur Pavie, c'est-à-dire contre le gros des forces autrichiennes par la rive gauche du Pô, était le parti le plus simple et le plus efficace,
en admettant, bien entendu, une manœuvre avec une partie des forces
sur l'aile droite ennemie, à la suite de la surprise d'un point de passage
du Tessin à quelque vingt kilomètres en amont.

C'est probablement ce qu'aurait fait Moltke, et cela d'autant mieux
qu'en cas d'insuccès la retraite pouvait s'effectuer vers la position
Alexandrie-Casale.

Le mouvement que préconisait Jomini, et qui consistait à pousser
toute l'armée franco-sarde sur l'extrême droite des avant-postes autrichiens, était difficile et périlleux durant son exécution, et si l'attaque

(1) *Le Maréchal Canrobert* par M. Germain Bapst.

consécutive, de Turbigo sur Magenta, échouait, la retraite ne pouvait plus s'effectuer que vers la Suisse.

Les manœuvres d'une armée entière par la droite ou par la gauche ont fait leur temps et, sauf de très rares exceptions, sont contraires à l'esprit de la guerre napoléonienne qui vise, avant tout, le destruction des forces ennemies au moyen d'une bataille comportant, autant que possible, des attaques combinées de front et de flanc.

Le plan autrichien.

Le plan de réunion des forces doit assurer tout d'abord la défensive et permettre de prendre l'offensive quand les circonstances autorisent ou conseillent cette forme de la guerre.

Ces deux conditions étaient fort bien remplies, du côté autrichien, par le choix de Pavie comme centre de réunion des 5 corps composant l'armée d'Italie.

Que les armées alliées se portassent du front Alexandrie-Casale sur Plaisance, Pavie, ou Milan, l'armée autrichienne était en mesure de prendre position en temps utile derrière le Pô, près de Plaisance ou derrière le Tessin, et dans ce dernier cas, soit près de Pavie, soit près de Magenta.

Ainsi, à la date du 25 avril, les Autrichiens étaient réunis sur la rive gauche du Tessin en deux masses, l'une de trois corps d'armée (2e, 3e et 8e) à Pavie et environs, l'autre de deux corps d'armée (5e et 7e) à une vingtaine de kilomètres au nord de cette ville.

Sachant les Piémontais établis depuis un certain temps sur la ligne Alexandrie-Casale, avec un gros détachement derrière la Dora-Baltea et un autre à Novi, on devait présumer qu'ils resteraient livrés à eux-mêmes pendant dix à quinze jours, attendu que jusqu'alors (25 avril) aucune troupe française n'avait quitté le territoire national.

Le plan d'opérations élaboré à Vienne voulait que le général de Gyulai prît l'offensive et marchât contre les Piémontais aussitôt qu'il serait informé de leur refus de désarmer.

La réponse négative du gouvernement sarde devant être connue le 26, l'armée autrichienne franchirait la frontière, le lendemain 27 avril.

Pour diverses causes, au nombre desquelles l'intervention de l'Angle-

LES FORCES OPPOSÉES, LE 28 AVRIL

(Les Autrichiens sont figurés par des cercles, les Français et les Sardes
par des rectangles.)

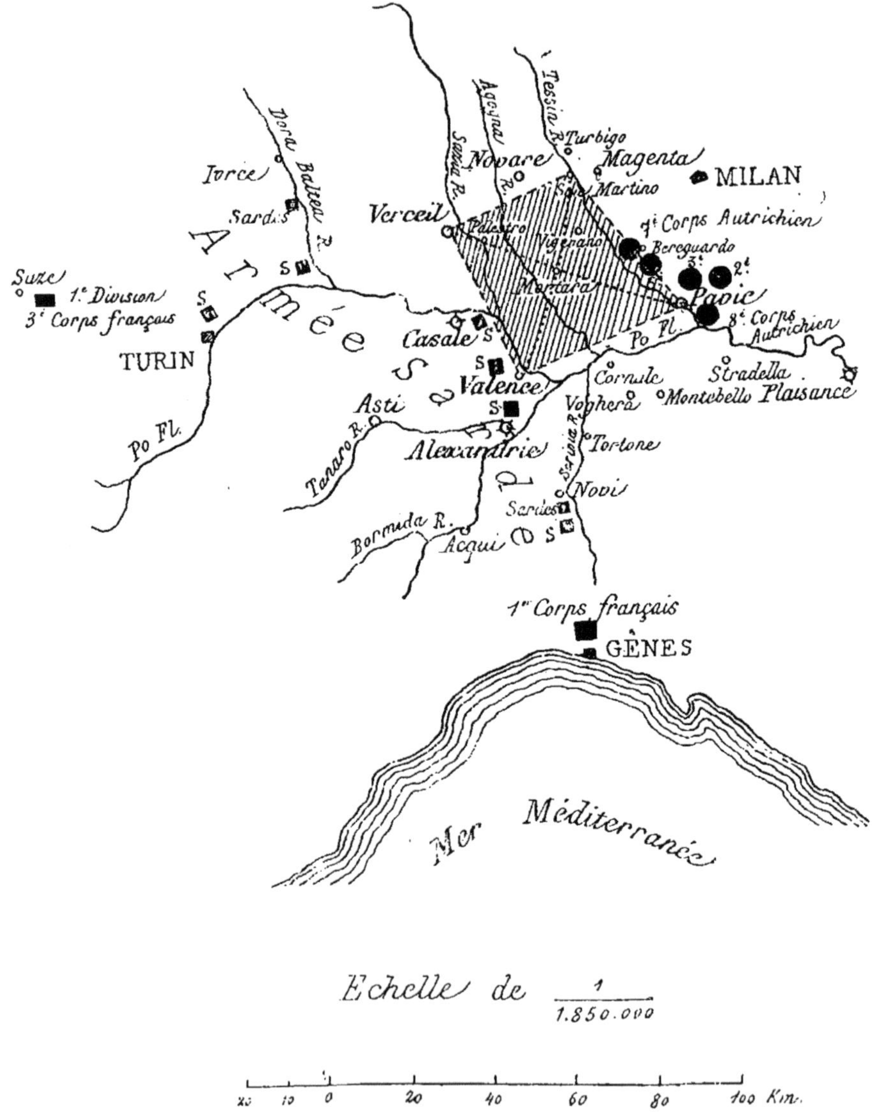

terre en faveur du maintien de la paix, le général de Gyulai eut l'ordre, le 26, de suspendre l'ouverture des opérations, et c'est seulement le 28 qu'il fut autorisé à entamer le mouvement vers l'ouest.

Trois projets d'offensive s'offraient à l'esprit du général en chef autrichien:

1° Marcher sur Turin en laissant un corps d'observation devant Casale et s'emparer de la capitale du Piémont.

Partant de Pavie le 29 avril, l'armée autrichienne pouvait arriver devant Turin avec 75.000 hommes, le 3 mai, et occuper celte ville, le 4.

C'eût été un succès purement moral sans lendemain, car les forces actives de la France et du Piémont restaient intactes.

2° Se porter, par la rive gauche du Pô, contre le front Casale-Valence.

Cette partie de la ligne sarde était la plus forte, à cause du Pô qui la protégeait.

3° Franchir le Pô à hauteur de Cornale et marcher à l'attaque du front Valence-Alexandrie, moins bien protégé que le précédent puisqu'il n'est couvert que par la Bormida, assez facile à franchir.

C'est donc ce troisième projet que le général de Gyulai aurait dû adopter, puis mettre à exécution avec vigueur et rapidité.

III

LES PREMIÈRES OPÉRATIONS

Les Autrichiens laissent passer le moment de l'offensive.

Il y a 50 kilomètres, à vol d'oiseau, de Pavie au Tanaro qui coule entre Alexandrie et Valence.

Partant de Pavie, le 29 avril, l'armée autrichienne, forte de 100.000 hommes, pouvait franchir le Pô le 29 et le 30 avril, arriver, le 2 mai, après la marche, devant le Tanaro, forcer le passage de cette rivière, le lendemain, et battre les 20.000 ou 30.000 Sardes en position de ce côté.

Dès lors, l'armée autrichienne eût été libre de se porter, en forces très supérieures, à la rencontre des troupes françaises de Gênes, encore peu nombreuses.

Mais le général de Guylai ne possédait pas le concept de la guerre napoléonienne, et encore moins l'énergie qu'elle réclame.

On peut imaginer sans trop de présomption les manœuvres auxquelles se serait livré un vrai disciple de Napoléon, mis en lieu et place du commandant en chef autrichien.

Le 2 mai, pendant que 4 corps atteignent le Tanaro entre Alexandrie et Valence, le dernier corps est envoyé sur Novi pour former couverture vis-à-vis des troupes françaises de Gênes.

Le 3 mai, bataille sur le Tanaro, à raison de 4 contre 1, et continuation de la marche du corps de couverture sur Gênes.

Le 4 mai, poursuite des Piémontais par un corps autrichien, soit sur Asti, soit sur Casale, ou sur ces deux points à la fois, la cavalerie autrichienne coupant, aussi loin que possible, les chemins de fer de Turin à Alexandrie et de Turin à Valence.

Le 5 mai, marche des 3 corps autrichiens disponibles sur les traces du corps détaché vers Gênes, lequel, en cas d'attaque par des forces supérieures, a fait du combat en retraite pour retarder l'ennemi sans se compromettre.

Le 6 mai, vraisemblablement, bataille de 4 corps autrichiens contre 3 corps français, ceux-ci très incomplets et dont les débris seront contraints, ou bien, de capituler dans Gênes, ou bien, de se réembarquer au plus vite.

Le 8 mai, retour en arrière de 3 corps d'armée autrichiens allant se joindre au corps de poursuite, tandis qu'un corps est laissé devant Gênes, pour assurer la capitulation, ou pour précipiter le départ de la flotte de transport.

Du 10 au 12 mai, bataille de 4 corps d'armée autrichiens contre les 2 corps français des Alpes, renforcés d'une partie de l'armée sarde, soit sur le Tanaro entre Valence et Alexandrie, soit sur la Dora Baltea.

Dans tous les cas, occupation de Turin par l'armée autrichienne, entre le 15 et le 18 mai, et paix dictée en cette capitale.

Pour réaliser de telles manœuvres, il fallait que l'armée autrichienne eût à sa tête un homme de guerre dans toute l'acception du terme et que cette armée fût composée de troupes ardentes, braves, endurcies à la marche et parfaitement instruites en vue de la guerre dans un pays accidenté, couvert et morcelé.

Ces conditions essentielles étaient loin d'être remplies.

Partant, le 29 avril, des environs de Pavie, où elle était concentrée, l'armée autrichienne s'avança vers l'ouest en formant éventail et termina, le 2 mai, son déploiement stratégique (1) sur la Sesia inférieure et le Pô, ayant parcouru une trentaine de kilomètres en quatre jours.

A cette date du 2 mai, 4 corps autrichiens de première ligne étaient à cheval sur les routes qui conduisent aux ponts de Verceil, de Casale, de Valence et de Voghera, pendant qu'un corps de seconde ligne se trouvait vers Lumello.

Le déploiement stratégique de l'armée autrichienne, effectué avec une lenteur incroyable, ne répondait ni à un but ni à un plan

Le très distingué historiographe de la campagne de Napoléon III en Italie n'a pu échapper aux idées qui régnaient dans les hautes sphères de l'armée française en 1859.

Dans un paragraphe intitulé « *carré défensif de Mortara* », l'auteur discute les emplacements de l'armée autrichienne à la date du 2 mai.

Nous croyons devoir analyser la première partie de ce paragraphe

(1) On entend, par déploiement stratégique d'une armée, l'établissement des corps d'armée, sur une ou plusieurs lignes, avec des intervalles égaux ou peu supérieurs au front de combat, chaque corps d'armée étant concentré étroitement.

dans le but de faire ressortir la doctrine stratégique en honneur dans l'armée française de 1859, doctrine alors commune à toutes les armées de l'Europe, *l'armée prussienne exceptée.*

« La position (autrichienne du 2 mai) était habilement choisie, tant « sous le rapport de la défensive que de l'offensive.

« Sous le rapport de la défensive, l'armée autrichienne était enfermée « dans un *carré dont la disposition naturelle est des plus remarquables,* « *au point de vue stratégique.* »

Les quatre angles sont les points de Verceil, de Valence, de Pavie et San Martino.

Le front du carré est formé par la Sesia, de Verceil à Candia, et par le Pô, de Candia à Valence.

Le flanc gauche est le cours du Pô, de Valence à Pavie.

Le flanc droit, la ligne de Verceil-Novare, avec une grande route et un chemin de fer.

Les derrières couverts par le Tessin, de San Martino à Pavie, laissent à l'armée sa libre communication avec le reste de la monarchie par les ponts de San Martino, Vigevano, Bereguardo et Pavie.

« Ajoutons que Mortara occupe le *centre de figure du carré*, et que six « bonnes routes le relient aux angles et aux côtes. »

Le carré en question aurait offert une bonne zone de réunion avant l'ouverture des opérations, mais, celles-ci une fois commencées, il ne restait à l'armée autrichienne, si elle prenait l'attitude défensive, que l'utilisation de la Sesia et du Pô comme barrière interposée entre elle et l'ennemi.

Cette armée ayant pris l'offensive le 29 avril, son arrêt, le 2 mai, derrière la Sesia et le Pô, devenait un non-sens.

D'autre part, l'auteur de la relation officielle française raisonne comme si l'armée autrichienne eût été répartie sur toute la surface du carré, alors qu'elle était déployée stratégiquement sur un front étendu, et, par conséquent, fort mince.

Les propriétés *géométriques* de Mortara ne répondent à rien puisqu'il n'y avait ni un homme, ni un cheval en cette ville et dans ses environs.

Le raisonnement de l'auteur, purement métaphysique, résulte de la tendance issue des écrits sur la guerre de Sept ans, qui consistait à donner à des figures géométriques une valeur stratégique propre, indépendamment des forces tenant la campagne.

C'est que les méthodes de guerre de la révolution et du premier empire n'avaient laissé aucune trace en France et en Autriche, tandis qu'en Prusse, au contraire, quelques généraux de haute valeur, principalement Clausewitz, avaient su discerner et répandre l'esprit de la guerre napoléonienne.

L'auteur continue en ces termes :

« Contre de semblables dispositions (carré de Mortara), l'attaque de « front était une opération des plus difficiles ; il fallait exécuter, en face « d'un ennemi vigilant, le passage d'un fleuve comme le Pô ou la Sesia, « et, en supposant que le passage parvînt à s'effectuer, *livrer ensuite* « *une bataille rangée...* »

On voit poindre ici la crainte qu'inspire au rédacteur du récit officiel l'idée d'une bataille voulue et préparée. L'armée franco-sarde pouvait réunir 200.000 hommes contre les 130.000 hommes de l'armée autrichienne. Toutes les chances étaient donc en faveur de l'offensive des alliés, mais l'état-major général français de 1859, élevé à l'école de la guerre du xviiie siècle, ignorait le concept napoléonien de la bataille décisive à rechercher, le plus tôt possible, dans l'espoir de terminer la campagne d'un seul coup, et il partageait l'idée que Massenbach, un des généraux de la guerre de Sept ans, a exprimée en disant qu'il fallait « amener l'ennemi à la retraite par la puissance de la manœuvre (1) ».

Quelques années après Waterloo, le général de Clausewitz avait pourtant écrit :

« Qui sait si, dans quelques générations, on ne verra pas reparaître « l'engouement pour la vieille escrime et pour les méthodes surannées, « et condamner les campagnes et les batailles de Bonaparte comme des « actes de barbarie et d'inutile brutalité !...

« De ce que la victoire ne peut être que le prix du sang, on doit logi- « quement conclure qu'il faut ou ne pas faire la guerre ou la conduire « avec la plus extrême énergie. »

Revenons à l'armée autrichienne.

Le 3 mai, elle fit de nombreuses reconnaissances vers l'ouest.

Le lendemain, Gyulai fit construire un pont de bateaux sur le Pô à hauteur de Cornale, derrière l'aile gauche de son armée, en vue de reconnaissances à effectuer dans la vallée de la Scrivia, vers Gênes.

(1) *La Nation armée,* par le général von der Goltz.

Le 5 mai, le 8e corps, à l'aile gauche, franchit le fleuve et détache une brigade sur Voghera, une autre sur Tortone, dans le but de reconnaître l'ennemi de Gênes, mais ces deux reconnaissances ne rencontrent ni un Sarde ni un Français.

Par ses lenteurs, son irrésolution, et, disons le mot, son incapacité, le général en chef autrichien avait perdu huit jours et laissé passer le moment favorable pour accabler les Piémontais sous le poids du nombre avant la réunion des deux groupes français de Gênes et des Alpes.

Pointe de l'armée autrichienne sur Turin, suivie de son recul derrière la Sesia.

Les reconnaissances poussées, le 5 mai, sur Voghera et sur Tortone n'ayant donné aucun résultat, Gyulai se persuada que les Français étaient fort en retard et qu'il pourrait marcher sur Turin en n'ayant à craindre que les Sardes.

En conséquence, le 8e corps va repasser sur la rive gauche du Pô, et toute l'armée marchera en deux colonnes, par Verceil et par Palestro, dans la direction de la capitale du Piémont.

Les 7 et 8 mai, le mouvement est en pleine voie d'exécution.

Le 9 mai, les avant-gardes autrichiennes ont atteint les abords de la Dora Baltea, lorsqu'à midi l'ordre est donné de battre en retraite, parce qu'on a appris la marche de grandes forces françaises des environs de Turin sur Alexandrie.

Le 10 et le 11 mai, l'armée autrichienne repasse la Sesia et prend un dispositif de défense, qu'elle conservera sans modification sensible jusqu'à la veille du combat de Montebello, livré le 20 mai.

Suivant ce dispositif, deux corps d'armée (7e et 3e) sont déployés côte à côte, par brigade, depuis Verceil jusqu'à Brême, sur un front de 30 kilomètres, et un corps d'armée (le 8e), de Brême à Pavie, sur une étendue de 50 kilomètres. Derrière ces trois corps en cordon, les 2e et 5e corps forment réserve; l'un, près d'Albarès, à 15 kilomètres du centre de la ligne formée par les 7e et 3e corps; l'autre, près de Trumello, à la même distance du centre du 8e corps, et l'intervalle entre les 2e et 5e corps est également de 15 kilomètres.

Dans ces conditions, que l'ennemi attaque en masse la ligne sur un

LES FORCES OPPOSÉES, LE 13 MAI.

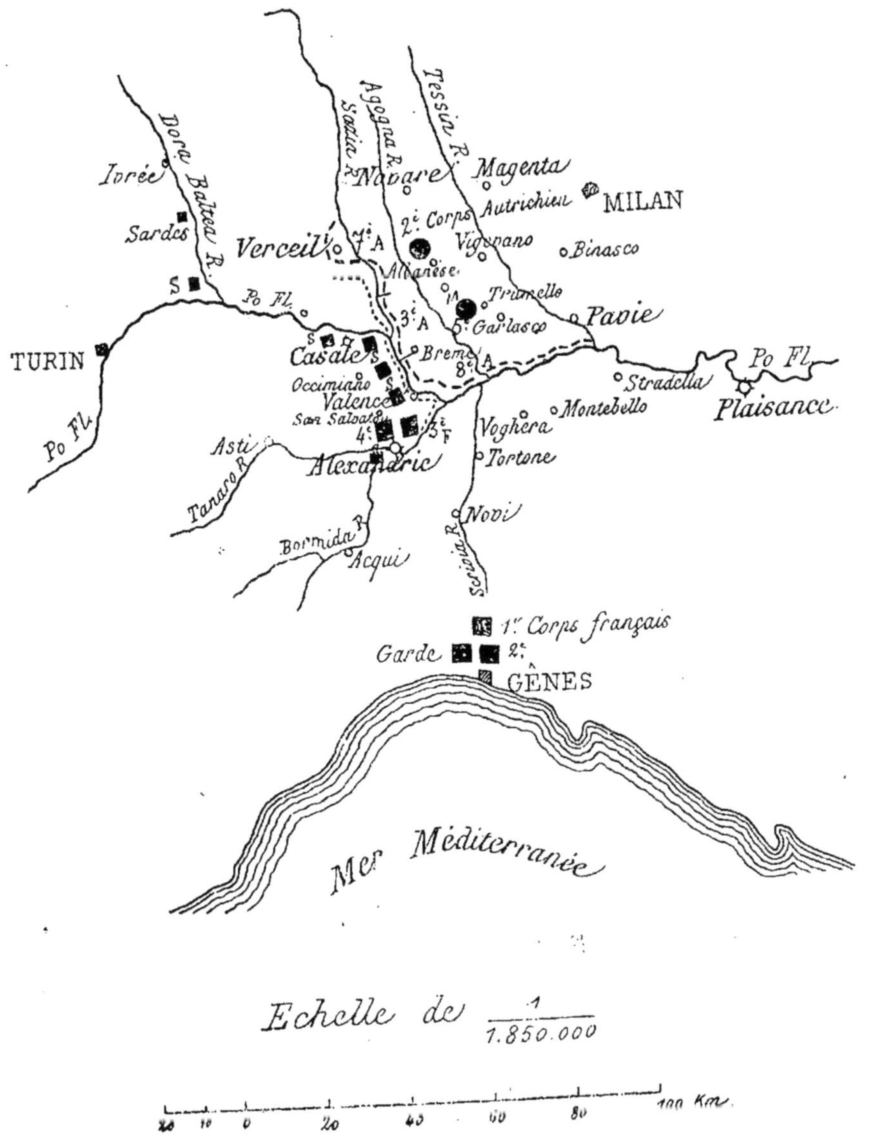

point, il la rompra facilement, et tous les éléments de la couverture devront se retirer pour se concentrer loin en arrière.

La manière autrichienne et le système napoléonien, pour la défensive.

A la suite de la pointe sur Turin, le dispositif pris sur la rive gauche de la Sesia et du Pô, à la date du 13 mai, n'est plus le même que celui du 2 mai dans lequel chacun des quatre corps d'armée de première ligne était concentré et séparé de son voisin par un intervalle de 10 kilomètres environ.

Le dispositif autrichien du 13 mai vise la défense stratégique à l'abri d'un cours d'eau et ne diffère pas sensiblement du dispositif défensif du XVIIIe siècle, contre lequel Napoléon a eu si beau jeu au début de ses campagnes offensives.

Dans le système autrichien du 13 mai 1859, le commandant en chef compte accepter une bataille défensive sur la ligne occupée par sa couverture, avec l'arrière-pensée de faire arriver ses corps de réserve là où l'ennemi portera son effort principal.

C'est donc à la résistance de la couverture que le chef de l'armée demande le temps nécessaire à l'entrée en action des corps disponibles.

Ce temps devant être assez long, la couverture est très fortement constituée.

Aussi voit-on attribuer 3 corps à la couverture et 2 seulement à la réserve ou masse de manœuvre.

Mais, pour que l'armée ne soit vulnérable nulle part, la couverture doit embrasser un front étendu.

Ainsi, d'une part, nécessité d'une couverture forte pour donner le temps aux réserves d'accourir sur les points où l'ennemi prononce son attaque principale, et, d'autre part, couverture étendue afin que l'ennemi, d'où qu'il vienne, rencontre une résistance efficace.

Ces deux conditions contradictoires ont pour effet d'inciter le commandant en chef à rapprocher beaucoup ses corps de réserve de la ligne formée par la couverture, en sorte que dans son ensemble le dispositif est presque linéaire, par conséquent faible partout, fort nulle part.

Le système napoléonien est tout différent.

Supposons-le appliqué par les Autrichiens.

Sur les 10 divisions composant l'armée défensive, 3 sont affectées à la couverture sur la Sesia, non pour y faire une longue résistance, mais uniquement afin de prendre le contact de l'ennemi, de retarder sa marche, afin de permettre au commandant en chef de *le voir venir* et de prendre ses dispositions en conséquence.

Ce n'est pas à 15 kilomètres en arrière de la couverture que les 7 divisions formant la masse de manœuvre sont concentrées, mais à 30, mais à 40 kilomètres et, dans le cas envisagé, derrière le Tessin.

On peut alors manœuvrer l'ennemi en connaissance de cause, parce que, depuis son passage de la Sesia, on ne l'aura pas perdu de vue un seul instant et qu'on pourra le contenir de front, avec une partie des forces sur la section du Tessin qu'il aura abordée, pendant que l'autre partie l'attaquera en flanc, soit sur la rive droite, extérieurement, soit sur la rive gauche, intérieurement.

Qu'importe l'abandon à l'ennemi d'une portion de territoire, située à l'intérieur de la frontière, si en opérant ainsi on augmente considérablement les chances de vaincre !

La guerre napoléonienne exige, pour donner les résultats dont elle est susceptible, un commandement aussi ferme qu'habile, servi par des troupes capables d'agir avec une grande indépendance, en un mot, elle veut un artiste muni d'instruments de premier choix.

Le groupe français des Alpes se réunit à Alexandrie.

Le 24 avril, la division Bouat, à Grenoble, et la division Bourbaki, près de Briançon, s'étaient mises en marche sur Suze, la première, par la route du Mont Cenis, la seconde, par la route du Mont Genèvre.

Elles devaient être suivies, à courte distance, par les divisions de Lyon.

Le 28 au soir, le maréchal Canrobert, accompagné du général Niel et de deux aides de camp, quitta Lyon allant à Saint-Jean-de-Maurienne, gare terminus, où il trouverait des voitures pour le conduire à Suze tête de ligne sur Turin.

Au moment de s'embarquer à la gare de Perrache, il reçut du maréchal Vaillant, encore ministre de la guerre, une lettre par laquelle on l'invitait à prêter son concours aux généraux piémontais.

La lettre contenait cette phrase étrange :

« *Jusqu'à ce jour il n'y a pas eu de plan de campagne combiné entre*
« *l'empereur et le roi.* »

Recommandation était faite au maréchal, — ordre de l'empereur, — de
ne se porter sur la Dora pour y soutenir les Piémontais que lorsqu'il
disposerait de quatre divisions complètes.

Un post-scriptum disait:

« Je vois avec peine que *vos troupes ne sont pas organisées pour la*
« *guerre. Vous y remédierez* (!). »

A son passage à Modane, puis en arrivant à Suze, le 29 avril au soir,
le maréchal Canrobert put voir ses troupes nourries par les soins des
autorités civiles, en l'absence des services administratifs français.

Dans la nuit, on remit au maréchal une dépêche de l'empereur disant :
« Vous pouvez réunir la première division à Turin, sans dépasser cette
« ville. »

Le maréchal Canrobert et ses compagnons de route atteignirent Turin,
le 30 vers onze heures du matin, et furent aussitôt reçus par le roi.

Dans l'après-midi, Victor-Emmanuel, le maréchal Canrobert, le général La Marmora, les généraux Niel et Frossard, ainsi que trois aides de
camp, prirent le chemin de fer pour aller reconnaître la position de la
Dora. Elle parut extrêmement faible, malgré les ouvrages en terre qu'on
y avait élevés, et, en outre, trop étendue pour les effectifs que l'on pouvait lui attribuer.

Pendant le voyage de retour à Turin, la consternation du roi inspira
au maréchal Canrobert, le digne neveu de Marbot, une idée que l'on
pourrait taxer d'enfantine si l'on ne savait l'immense prestige dont jouissait alors l'armée française en Europe.

« Sire, dit Canrobert au roi, il faut reprendre votre plan primitif, nous
« concentrer à Casale et Alexandrie.

« Ce soir, j'enverrai (par le chemin de fer) *un bataillon* à Casale et je
« recommanderai à mes soldats de se montrer le plus possible ; vous
« ferez répandre le bruit qu'il y a 50 000 Français dans la place, et ce
« sera bien le diable si, après cela, les Autrichiens, passant outre, lais-
« sent sur leur flanc (gauche) une menace aussi grosse.....

« *Malgré les ordres formels de l'empereur,* au lieu de garder mes trou-
« pes au pied des Alpes, je les enverrai immédiatement rejoindre les
« vôtres à Alexandrie (1)... »

(1) *Le Maréchal Canrobert,* par M. Germain Bapst.

Pourquoi Alexandrie ?

C'est que le seul chemin de fer échappant aux entreprises de l'ennemi conduisait de Suze à Alexandrie, par Turin et Asti, et que le maréchal Canrobert voulait l'utiliser pour le transport de son infanterie.

La présence d'un bataillon français, dès le 1er mai, à Casale, n'empêcha pas l'armée autrichienne de marcher jusqu'au 9 dans la direction de la Dora. La cause de son retour sur la Sesia doit donc être attribuée à la nouvelle dont il a déjà été question plus haut et qui fut télégraphiée, le 9 mai, en ces termes au général de Moltke par l'officier prussien en mission auprès de l'état major autrichien.

« Des espions et des rapports annoncent que 40.000 Français sont « partis de Turin sur Alexandrie, où toute l'armée alliée est réunie pour « se mettre en marche vers Plaisance. »

Le 1er mai, le maréchal Baraguay d'Hilliers, débarqué à Gênes avec des forces peu nombreuses, eut communication de l'ordre télégraphique ci-dessous :

« Tenez-moi au courant de vos mouvements sans entrer dans les « détails *à cause de la publicité* ; mais n'oubliez pas mes instructions « de *rester sur la défensive absolue.* »

Il n'y avait donc pas de chiffre convenu entre le commandant en chef et son lieutenant.

Si l'on rapproche les instructions données au maréchal Baraguay d'Hilliers de celles que le maréchal Canrobert avait reçues à son départ de Lyon, on constate qu'au lieu d'assurer la réunion aussi prompte que possible de son armée, soit sur Casale et Alexandrie, soit sur cette dernière ville, l'empereur voulait que le groupe de corps d'armée débarqué à Gênes restât *sur la défensive absolue* et que le groupe de corps d'armée des Alpes *en fit autant*, à Suze.

Étant données les mœurs militaires de l'époque, il a fallu au maréchal Canrobert un grand courage pour transgresser les ordres formels de l'empereur en portant, dès les premiers jours de mai, les 3e et 4e corps de Suze sur Alexandrie.

Napoléon III à Gênes.

Le 12 mai, Napoléon III débarque à Gênes.

A ce moment, les 3e et 4e corps sont à Alexandrie, les 1er, 2e corps et garde occupent les environs de Gênes.

Le jour même, l'empereur réunit *un conseil de guerre* auquel participent le maréchal Baraguay d'Hilliers et les généraux de Mac-Mahon, Lebœuf, Frossard, de Martimprey et Regnaud de Saint-Jean-d'Angély.

Croyant les Autrichiens massés du côté de Verceil, l'empereur veut diriger son armée vers un point aussi éloigné d'eux que possible, c'est-à-dire sur Plaisance, afin d'y passer le Pô et de tourner ainsi les lignes de défense, formées par la Sesia, l'Agogna et le Tessin.

« Après-demain 14, dit-il, toute l'armée se mettra en mouvement; les « trois corps débarqués à Gênes (1er, 2e et garde) s'avanceront dans la « direction de Plaisance, les corps Canrobert et Niel (3e et 4e), ainsi que « l'armée du roi, suivront le mouvement (1). »

C'est en vain que le maréchal Baraguay-d'Hilliers fait observer que les 1er et 2e corps n'ont pas encore leur artillerie.

L'empereur persiste dans son projet et déclare qu'il veut signaler son arrivée par l'ouverture de la campagne. « *On s'organisera en route* (1) », ajoute-t-il.

Napoléon III apprit dans la soirée que le seul équipage de pont de l'armée, encore à Suze, était trop court de moitié pour franchir le Pô vers Plaisance et qu'il fallait faire venir de Strasbourg deux équipages de pont.

Le même soir, il expédia au nouveau ministre de la guerre, maréchal Randon, une lettre contenant ces mots : « Nous avons envoyé en Italie « une armée de 120.000 hommes avant d'y avoir réuni des approvision-« nements ; c'est le contraire que l'on aurait dû faire... *L'administration* « *de la guerre a été bien coupable* (?) (1)... »

A qui la faute, sinon à lui-même qui s'était laissé surprendre par les événements et n'avait rien préparé en vue d'une guerre rendue inévitable depuis son allocution du 1er janvier à l'ambassadeur d'Autriche?

Encore le même soir, Napoléon III fit part de sa prise de commandement au roi de Sardaigne dans une lettre où il lui indiquait le dispositif que devaient prendre immédiatement les armées alliées, savoir :

L'armée sarde entre Casale et Occimiano, l'armée française, entre San Salvator et Alexandrie.

Ce dispositif de réunion correspondait à peu près à celui qu'avait proposé le général de La Marmora.

(1) *Le Maréchal Canrobert*, par M. Germain Bapst.

L'armée française se dispose à marcher sur Plaisance.

Les journées du 14, du 15 et du 16 mai furent employées à pousser les 1er, 2e et 3e corps dans la direction de Plaisance.

Le soir du 16, le 1er corps avait sa 1re division à Voghera, sa 2e à Castelnuovo et sa 3e à Pontecurone, aux sommets d'un triangle ayant son sommet le plus rapproché de l'ennemi, à Voghera.

Au même moment, le 3e corps venant d'Alexandrie campait déjà près de Tortone, le 2e corps était à Sale, la garde à Alexandrie, le 4e corps près de Valence, à San Salvator, et l'armée sarde, à l'exception d'une division occupant Casale, près d'Occimiano.

Pour se porter sur Plaisance, l'armée franco-sarde ne disposait, à partir de Voghera, que d'une seule route qui traverse le défilé de Stradella.

La profondeur de marche d'un corps d'armée de cette époque étant de 30 kilomètres environ, bagages, parcs et convois compris, les 6 corps d'armée (1) composant la colonne unique appelée à franchir le défilé de Stradella présenterait une longueur totale d'écoulement d'environ 180 kilomètres.

L'opération était aussi difficile que périlleuse, étant donné que l'ennemi, maître de la rive gauche du Pô, pouvait jeter des ponts où bon lui semblerait et attaquer en flanc la longue colonne très vulnérable des alliés.

Déjà le 16 mai, les ordres nombreux et contradictoires que l'empereur avait donnés depuis sa prise de commandement inspiraient au roi Victor-Emmanuel de vives alarmes dont témoigne la lettre ci-dessous, adressée au comte de Cavour.

« Occimanio, le 16 mai 1859.

« Nous voilà soumis à de nouvelles tribulations. Ce n'est plus vous
« qui nous tourmentez (2); c'est le très digne empereur qui nous fait
« marcher à la baguette, il change, rechange ses projets et veut des
« choses impossibles. La général La Mormora en a perdu le méridien
« et ne parle plus. Les dispositions militaires (de l'empereur) sont étran-

(1) 5 corps d'armée français et l'armée sarde comptant pour un corps d'armée.
(2) Allusion aux pressantes démarches du comte de Cavour, vers la fin d'avril, pour faire occuper la ligne de la Dora-Baltea en vue de couvrir Turin.

« ges et, si nous continuons de ce pas, nous serons bientôt sans
« armée (1). . »

Le 17 mai, les corps d'armée durent conserver leurs emplacements de
la veille au soir afin de se remettre de leurs fatigues.

Ce jour-là, l'empereur fut informé qu'indépendamment de l'impossibilité où l'on se trouvait de franchir le Pô près de Plaisance, faute d'un
équipage de pont suffisant, le parc de siège nécessaire à l'attaque de
cette place ne pourrait être rendu à pied d'œuvre qu'à la fin de juin.

Ne sachant plus que faire, Napoléon III laissa, le 18 et le 19, l'armée où
elle était et employa ces deux journées en conciliabules avec le maréchal
Vaillant et le général de Martimprey.

L'empereur se décide à la marche sur Milan, par Verceil et Novare.

Le 19 mai, dans l'après-midi, plusieurs télégrammes du roi de Sardaigne firent connaître à l'empereur que les Autrichiens abandonnaient
la ligne de la Sesia et Verceil, dont ils avaient fait sauter le pont, pour
se concentrer vers le sud.

Aux yeux de l'empereur, puisque les Autrichiens se portaient au sud,
c'était le moment pour l'armée franco-sarde de marcher vers le nord.

. En conséquence, ordre fut envoyé au 4e corps (à San Salvator)
d'atteindre Casale, le plus tôt possible, par une marche de nuit.

Mais, vers dix heures du soir, Napoléon III, toujours hésitant et
inquiet, télégraphia au roi d'arrêter le 4e corps là où il serait.

Le 20 mai, l'empereur, ayant reçu, la nuit précédente, de nouvelles
dépêches qui annonçaient l'abandon de Verceil par les Autrichiens, monta
dès la première heure dans un train qui le fit arriver à Casale vers 6 heures. Il se rendit aussitôt chez le roi et lui développa, en présence du
général de La Marmora, le plan de la marche vers le nord, que Jomini
lui avait fourni et qu'il donna comme sien.

Il s'agissait d'exécuter sur une seule route, avec 5 corps, sans compter l'armée sarde, une marche de flanc longue de 40 à 60 kilomètres suivant les corps, en se couvrant du Pô et de la Sesia.

____

(1) Lettre publiée par M. Germain Bapst.

LES FORCES OPPOSÉES, LE 19 MAI

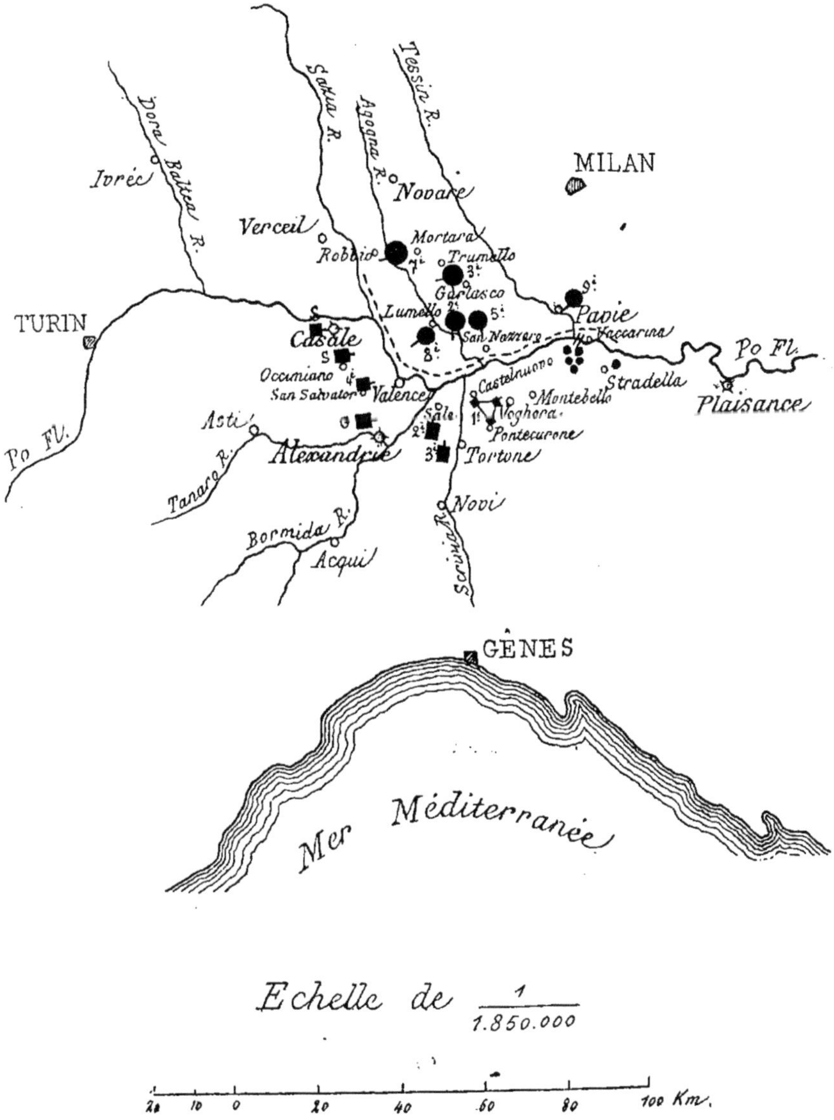

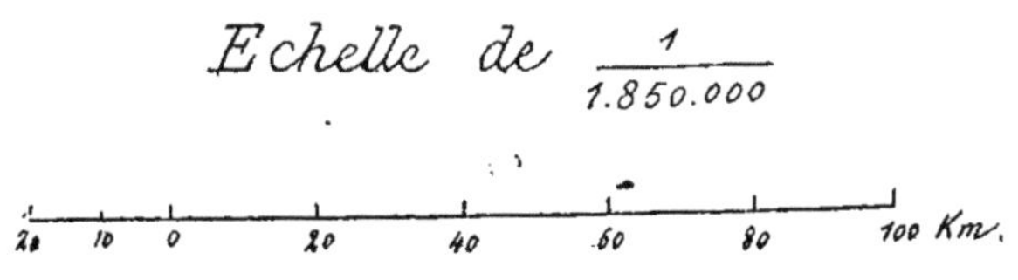

LE COMBAT DE MONTEBELLO

Rôle de la division autrichienne Urban.

On se souvient que, le 4 mai, Gyulai avait fait jeter un pont de bateaux d'équipage sur le Pô à hauteur de Cornale, afin de permettre au 8ᵉ corps de faire une pointe sur Voghera.

Lorsqu'à la suite de cette reconnaissance dépourvue de résultats l'armée autrichienne dut se porter sur Verceil, le pont en question fut replié pour servir à établir des passages sur la Sesia moyenne.

Entre temps, le 12 et le 13, on construisit un pont de bateaux du commerce sur le Pô, à Vaccarina, localité située à quelques kilomètres en aval de Pavie.

En dehors de l'armée d'opérations proprement dite et des garnisons, il y avait, en Lombardie, une division à 3 brigades, sous les ordres du général Urban, dont la mission consistait à dominer le pays à l'aide de colonnes mobiles.

Pendant que l'armée opérait sur Verceil et au delà vers la Dora, la division Urban fut concentrée à Pavie et, aussitôt l'achèvement du pont de Vaccarina, elle détacha une brigade sur Voghera.

L'approche des Français et le soulèvement de la population contreignirent cette brigade à se retirer, le 16 et le 17, sur Stradella. A cette dernière date, l'armée autrichienne était depuis quatre jours en position d'attente derrière la Sesia et le Pô, ayant, comme on se le rappelle, les 1ᵉʳ, 3ᵉ et 8ᵉ corps en cordon, de Verceil à Pavie, et les 2ᵉ et 5ᵉ corps en réserve vers le milieu de la transversale : Novare-Pavie.

Concentration des forces autrichiennes vers le sud.

Quand il eut connaissance, le 18 mai au matin, de l'arrivée de nombreuses troupes françaises à Voghera et environs, Gyulai poussa, le jour même, ses 2ᵉ et 5ᵉ corps, alors en réserve, vers le sud, à l'appui du 8ᵉ corps, et ordonna aux 7ᵉ et 3ᵉ corps de faire, le lendemain, un mouve-

LA GRANDE RECONNAISSANCE AUTRICHIENNE DU 20 MAI

(Les brigades autrichiennes sont figurées par des cercles, les brigades et le régiment
supplémentaire de la division Forey, par des rectangles.)

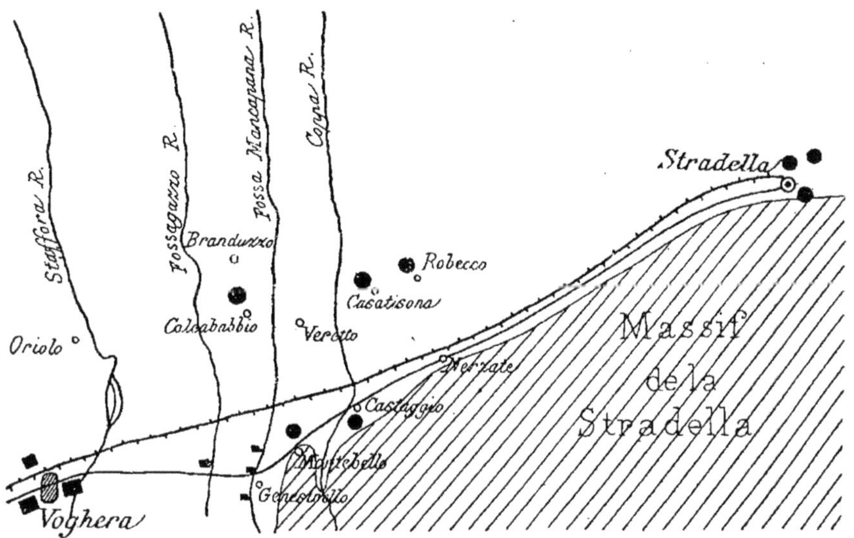

Echelle de $\dfrac{1}{225.000}$

ment vers Pavie, où venait d'arriver le 9e corps dirigé de Vienne sur
cette ville par voies ferrées.

Le 7e corps devait, par suite, évacuer Verceil, faire sauter les ponts de
cette ville et assurer un service de surveillance sur la Sesia inférieure.

L'armée autrichienne eut donc, le 19 après la marche, trois corps
d'armée (8e, 2e, 5e) concentrés dans la région de Lumello, face au sud,
un corps (7e) à Robbio et Mortara, face à l'ouest, un corps en seconde
ligne (3e), à Trumello et Garlasco, et un corps d'aile gauche (9e), à Pavie.

Grande reconnaissance autrichienne sur Casteggio.

Le même jour, la division Paumgarten, du 5e corps, alla, par S. Nazzaro et Pavie, à Vaccarina, où furent concentrées également une brigade du 8e corps et deux brigades de la division Urban.

En outre, deux brigades du 9e corps furent désignées pour occuper, le lendemain matin, le village de Stradella.

Ces rassemblements de troupes avaient pour objet une grande reconnaissance à effectuer, le 20 mai, sur Voghera, avec cette restriction que les colonnes, une fois parvenues en certains points indiqués, y *attendraient de nouveaux ordres.*

Le commandant du 5e corps, général Stadion, fut chargé de diriger l'opération.

Cet officier général admit, en vertu d'une idée préconçue, que l'on rencontrerait les Français derrière la Coppa, qui coule de Casteggio vers le Pô.

En conséquence, la division Urban eut à marcher sur Casteggio par la grande route de Stradella pendant que les trois brigades de la division Paumgarten atteindraient séparément, par des chemins situés entre le Pô et la grande route, Robecco, Casatisma et Calcababbio. Ces trois brigades étaient destinées, dans l'esprit du général Stadion, à protéger le flanc droit, le seul vulnérable de la division Urban (1), et, occasionnellement, à attaquer l'aile gauche des Français si, comme on le présumait, ils venaient à se déployer derrière la Coppa, leur droite à Casteggio.

Les objectifs des trois brigades Paumgarten furent atteints vers midi.

La brigade d'avant-garde de la division Urban ayant trouvé Casteggio vide d'ennemis, son chef la poussa jusqu'à Montebello, où les Français n'étaient pas davantage et, une fois là, il eut la malencontreuse idée de refouler sur Voghera quelques avant-postes français reconnus, entre temps, à Genestrello.

Cette escarmouche fut l'origine du combat de Montebello.

____

(1) Le massif de la Stradella, situé sur le flanc gauche de la route de marche suivie par la division Urban, était privé de chemins praticables à des colonnes de troupes.

Le combat de Montebello.

Le cadre de cette étude ne comporte pas le récit des combats qui ont précédé la bataille de Magenta.

Disons seulement qu'à Montebello la division Forey, forte de 5.000 hommes à peine et renforcée d'un bataillon du 5e corps, prit l'offensive en deux colonnes de brigade, manœuvra par la droite pour prendre en flanc les défenseurs de Montebello et remporta un brillant succès dû à la bonne direction de son chef et à la valeur des troupes, particulièrement de l'infanterie.

Au cours du combat, c'est à peine si une fraction de la brigade autrichienne de Robecco vint au secours des deux brigades disponibles de la division Urban. Les autres, ne recevant pas d'ordres, restèrent inertes jusqu'au moment où elles furent informées qu'il y avait lieu pour elles de battre en retraite.

Exagération du principe de la sûreté dans l'armée autrichienne.

Les troupes affectées à la reconnaissance sur Casteggio présentaient un effectif de 22.000 hommes avec 6 escadrons et 48 canons.

Indépendamment de ces 22.000 hommes, il faut compter comme ayant été employées à la reconnaissance une brigade de la division Urban et deux brigades du 2e corps, toutes les trois concentrées, le 19 au matin, à Stradella pour garder la ligne de retraite.

Le principe de la sûreté avait pris dans l'armée autrichienne de cette époque une telle extension que, pour assurer la sécurité du flanc droit et les derrières d'une reconnaissance composée de deux brigades, on en fit marcher six autres qui, à part une seule, ne servirent à rien.

C'est là une faute grave à laquelle conduisent les manœuvres du temps de paix lorsqu'elles sont dirigées par des chefs esclaves du principe de la sûreté, au point de lui subordonner tous les autres facteurs du succès. Si, oubliant leur rôle de protection, les brigades arrivées au nord de Casteggio se fussent portées résolument au secours de la division Urban et que les brigades de Stradella eussent, de leur côté, marché au canon, le combat de Montebello aurait probablement tourné à l'avantage des Autrichiens.

D'une manière générale, les reconnaissances offensives dans le genre de celle qu'exécutèrent les Autrichiens, le 20 mai 1859, sont fort dangereuses pour qui les fait.

Suivant de Moltke, elles ne doivent être entreprises « que si l'on est à même de passer immédiatement à la bataille » et, pour Bugeaud :

« On reconnaît une armée avec une armée. »

V

LES CONSÉQUENCES DU COMBAT DE MONTEBELLO

Inquiétudes et tergiversations de l'empereur.

En apprenant, le 20 mai au soir, la nouvelle de l'avantage remporté par la division Forey, l'empereur eut un mouvement de joie qui dura peu. L'inquiétude s'empara de lui et, sous cette impression, il télégraphia au roi :

« Sire, l'ennemi a attaqué Casteggio... Dans ces circonstances, il faut « être prudent à notre gauche (sur Verceil), mais toujours tenter le pas- « sage (de la Sesia) sans se lancer trop loin (1). »

Croyant l'armée autrichienne beaucoup plus avancée vers le Pô qu'elle ne l'est en réalité, Napoléon III redoute de la voir déboucher en masse sur la rive droite pour lui offrir la bataille. Il arrête en conséquence l'envoi des ordres préparés pour la marche vers le nord et, à 11 heures du soir, expédie au maréchal Baraguay-d'Hilliers la dépêche ci-dessous :

« J'ordonne au maréchal Canrobert de porter ses troupes (3ᵉ corps) « à Pontecurone, au général de Mac-Mahon (2ᵉ corps) d'occuper Castel- « novo, afin d'être à même de vous soutenir si vous étiez attaqué de « nouveau. Tenez-moi au courant. »

Le 21 mai, à 6 heures du matin, l'empereur, accompagné de trois officiers généraux ou supérieurs et du baron Larrey, médecin en chef de l'armée, débarque du chemin de fer à Voghera. Après avoir embrassé le général Forey et fait grise mine au commandant du 1ᵉʳ corps, qui s'est opposé, la veille, à la marche au canon de la division Bazaine, il va visiter le terrain du combat.

Ce n'est pas un beau spectacle qu'un champ de bataille le lendemain d'une action, mais l'âme vraiment forte ne se laisse pas émouvoir par la vue des morts, ni attendrir par les souffrances des blessés, parce qu'elle porte ses regards vers l'avenir, sachant que le plus sûr moyen d'avan-

____

(1) *Le Maréchal Canrobert,* par M. Germain Bapst.

cer le terme des horreurs de la guerre consiste à mener la campagne avec une vigueur et une énergie extrêmes.

Napoléon III, bon, affectueux, sentimental et très peu réaliste, n'était nullement préparé au rôle de conducteur d'armée.

La vue des tués, puis la visite qu'il fit d'une ambulance installée dans une grange produisirent sur lui une impression telle qu'il devint livide et s'en retourna, accablé de chagrin, sans dire un mot.

Pendant ce temps, trois corps français (1ᵉʳ, 2ᵉ, 3ᵉ) s'étaient déployés à Voghera, prêts à recevoir l'attaque des Autrichiens.

L'empereur, de retour à Alexandrie d'assez bonne heure, réunit *un conseil de guerre* composé des maréchaux Vaillant, Canrobert et des généraux Lebeuf (1), Frossard (2), Niel, de Martimprey. On discuta longuement, mais la séance fut levée sans qu'une décision quelconque eût été prise, et aucun ordre ne fut envoyé pour le lendemain.

Le 22 au soir, le général de Sonnaz, qui, à la tête de 6 escadrons sardes, opérait depuis le 14 pour le compte de la division Forey, fit des rapports rédigés d'après le dire des habitants, lesquels annonçaient le passage du Pô, le lendemain, par les Autrichiens en grandes forces.

Ces rapports arrivèrent à l'empereur vers la fin de la nuit et le bouleversèrent au point de lui suggérer l'envoi des trois télégrammes qu'on va lire :

« Alexandrie, 23 mai, 6 h. 10 matin.

« Au général Niel,

« L'*ennemi menaçant de nous couper* (?), portez-vous immédiate-
« ment (3) avec tout votre corps à Castel-Novo di Scrivia (Castelnovo),
« où vous recevrez de nouveaux ordres. Abandonnez toute la rive du
« Pô ; faites diligence. »

« Alexandrie, 23 mai, 6 h. 15 matin.

« Au roi,

« Repliez votre front ; laissez une division à Casale et marchez avec
« vos troupes (4) sur Alexandrie, en abandonnant toutes les rives du
« Pô.

---

(1) Commandant l'artillerie de l'armée.
(2) Commandant le génie de l'armée.
(3) Le 4ᵉ corps était, depuis la nuit du 19 au 20, à Bassignano, entre Valence et Casale.
(4) L'armée sarde était répartie entre Valence, Casale et Verceil.

« Ne perdez pas un instant et dirigez, si vous le pouvez, des troupes,
« par le chemin de fer, à Alexandrie. Je vous envoie un officier. »

« Au commandant de la garde,

« Vous allez emmener toute la garde (1) à Ponte-Curone, le plus tôt
« possible, en vous servant du chemin de fer. »

On ne peut guère imaginer un affolement plus complet.

L'empereur veut que les Sardes et la garde utilisent le chemin de fer,
comme si les transports de troupes par voie ferrée pouvaient s'improviser à la minute.

Il ne se rend pas compte que le passage d'un fleuve comme le Pô
demande beaucoup de temps et que l'armée autrichienne, à supposer
qu'elle dispose, le 23, de deux ou trois ponts de bateaux à Vaccarina, ne
saurait attaquer les 1er, 2e et 3e corps français avant le 26 mai. On n'a
d'ailleurs aucune certitude sur le passage des Autrichiens.

L'inexpérience, le défaut de prévision, la nervosité, et, pour tout dire,
l'insuffisance militaire de l'empereur éclatent dans les télégrammes que
nous venons de reproduire.

Un peu plus tard, les bruits du débouché des Autrichiens au sud du Pô
ne se confirmant pas, Napoléon III télégraphie coup sur coup à Victor-
Emmanuel.

« Alexandrie, 23 mai, 8 h. 15 matin.

« Au roi,

« Les nouvelles sont que l'ennemi ne se présente nulle part. Suspen-
« dez les mouvements ordonnés. »

« Alexandrie, 23 mai, 11 h. 45 matin.

« Au roi,

« Si vous n'avez pas jeté un pont à Candia, *il est inutile de faire tuer*
« *du monde (!). Croyez-vous à une attaque des Autrichiens ?*

Le passage du Pô à Candia se rapportait à cette circonstance que les
Autrichiens ayant commencé à évacuer la rive gauche de la Sesia en
face de Casale pour se concentrer vers le sud, la division sarde stationnée à Casale se préparait à franchir cette rivière sur un pont de bateaux
à construire près de l'emplacement du pont fixe détruit par les Autrichiens.

Tous ces ordres et contre-ordres, outre qu'ils dénotaient l'irrésolution

(1) La garde se trouvait à Alexandrie.

de l'empereur, portaient le trouble dans les esprits. Victor-Emmanuel
en particulier fit part de ses alarmes au comte de Cavour dans une lettre
du 23 mai qui contient ces mots :

« Décidément, rien n'est plus déplorable que de voir l'incertitude qui
« règne dans le commandement suprême. Constamment soumis à des
« ordres et à des contre-ordres, nous courons sans cesse le danger de
« faire de grosses sottises (1).... »

Cependant les 2e et 3e corps étaient venus, à la suite d'une marche de
nuit, se former en bataille, le 23 de très bonne heure, à l'est de Voghera,
sur la gauche du 1er corps. Ils restèrent en position, de 3 heures à 9 heures du matin, puis, l'ennemi ne paraissant pas, retournèrent à leurs
camps de la veille.

A 11 heures du soir, le maréchal Baraguay d'Hilliers envoya un rapport
à l'empereur lui annonçant l'attaque des Autrichiens pour la nuit même.

Aussitôt, l'empereur fit expédier au maréchal Canrobert une dépêche
ainsi conçue :

« Le maréchal Baraguay d'Hilliers annonce encore que l'ennemi s'a-
« vance en forces. Si le fait se confirme, vous prendrez les mêmes dis-
« positions qu'hier. »

Le maréchal Canrobert, dans le crainte de perdre un temps précieux
à quérir des informations sur le bien fondé du rapport de son collègue
du 1er corps, fit prendre les armes à ses troupes, un peu après minuit,
et, pour la seconde fois en 24 heures, leur imposa une marche de nuit
pour aller reprendre les positions du 23, sur la gauche du 1er corps.

En l'absence de tout mouvement des Autrichiens au sud du Pô, le
3e corps retourna, le 24, comme il avait fait la veille, à l'emplacement de
ses camps.

Le 25 mai de très bonne heure, l'empereur sut, par un rapport d'espion, que le quartier général autrichien se trouvait à Garlasco, situé
à 18 k. nord-ouest de Pavie et à 15 k. au nord du Pô.

Le maréchal Vaillant et le général de Martimprey, qui logent au quartier impérial, sont *consultés* sur ce qu'il convient de faire.

Le premier opine pour la marche sur Plaisance, le second pour un
mouvement vers le nord.

Après déjeuner, l'empereur demande au général Frossard son avis

(1) *Le Maréchal Canrobert,* par M. Germain Bapst.

sur la situation et le plan à suivre. Celui-ci penche en faveur de la marche vers le nord.

Non content de ces deux consultations et toujours perplexe, Napoléon III fait monter avec lui dans un train à destination de Voghera le maréchal Vaillant, les généraux de Martimprey, Lebœuf, Frossard et fait prévenir de son arrivée le maréchal Baraguay d'Hilliers ainsi que le général de Mac-Mahon.

A 3 heures, le train entre en gare de Voghera. Alors a lieu dans le wagon-salon impérial un nouveau *conseil de guerre*.

L'empereur retourne, au bout d'une heure de discussions variées, à Alexandrie.

Son indécision est plus grande que jamais.

Le grand mouvement sur Verceil l'épouvante et, d'autre part, en l'absence d'un équipage de siège, il comprend que l'opération sur Plaisance est impossible.

Projet de marche contre le gros des forces autrichiennes.

Cependant, le soir, sa résolution est prise. Il suivra la variante n° 2 du plan Jomini, c'est-à-dire qu'il attaquera directement les Autrichiens, après avoir débouché sur la rive gauche du Pô avec le 1ᵉʳ corps, à Valence, et sur la rive gauche de la Sesia avec les 2ᵉ, 3ᵉ, 4ᵉ corps et garde, à Candia, enfin avec les cinq divisions sardes, à Verceil, celles-ci devant ensuite se rabattre vers le sud.

Pendant que le général de Martimprey rédige les ordres en conséquence, l'empereur écrit au maréchal Canrobert, à Pontecurone.

« 25 mai,

« Au maréchal Canrobert,

« Donnez les ordres nécessaires pour que votre cavalerie, votre artil-
« lerie et vos bagages prennent demain la route d'Alexandrie, *en dissi-*
« *mulant ce mouvement autant que possible* (?).

« Cette colonne couchera, demain 26, à Tortone et arrivera à Alexan-
« drie, le 27.

« Votre infanterie suivra le mouvement par la voie ferrée.

« Je vous enverrai des ordres détaillés ce soir (1). »

(1) *Le Maréchal Canrobert*, par M. Germain Bapst.

LES FORCES OPPOSÉES, LE 25 MAI

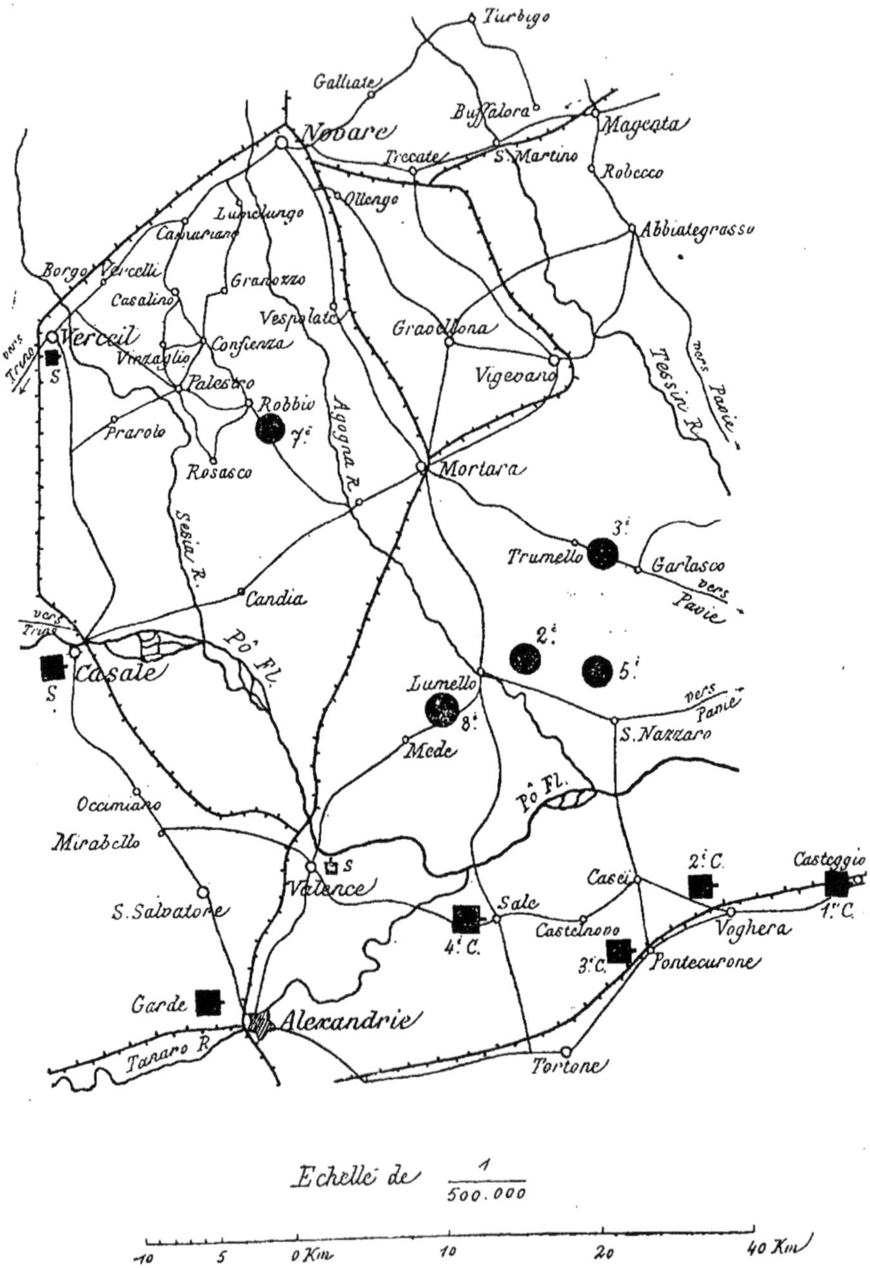

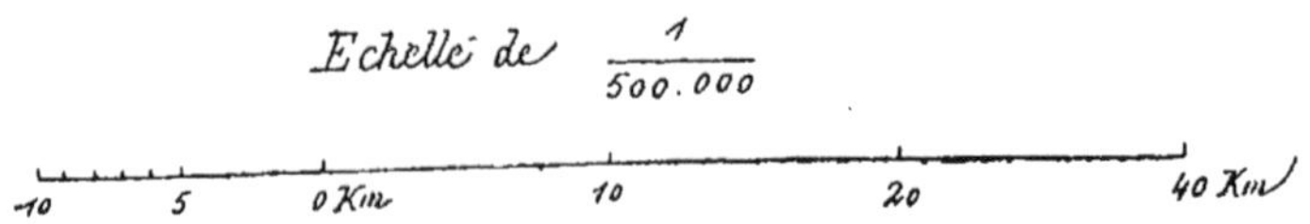

La disposition de l'armée franco-sarde pour marcher, par Valence, Candia et Verceil, à la rencontre des Autrichiens établis, en majorité, au nord et près du Pô, entre l'Agogna et le Tessin, répondait à la conception napoléonienne en vertu de laquelle la décision de la guerre doit être recherchée et obtenue, le plus tôt possible, à l'aide d'une grande bataille contre le gros des forces ennemies, bataille qui n'exclut pas des manœuvres préparatoires.

Selon toute probabilité, l'armée autrichienne, en apprenant le passage de l'armée franco-sarde au delà du Pô et de la Sesia, sur le front Valence-Verceil, aurait le temps de se former, face à l'ouest, derrière l'Agogna, entre Mortara et San Nazzaro, mais ne pourrait opposer que de faibles forces aux Piémontais.

Il y avait là, pour un général en chef français sachant la guerre et pourvu de talent, une occasion exceptionnelle pour attaquer l'ennemi, de front, avec cinq corps d'armée, de flanc, avec l'armée sarde, laquelle aurait marché de Verceil sur Novare (23 kil.) et de cette ville sur Mortara (30 kil.).

En commençant son mouvement le 26, l'armée sarde pouvait être concentrée, le 29 dans la journée, près de Vespolate (12 kil. nord de Mortara) et en mesure d'attaquer, le 30 au matin, l'aile droite autrichienne, pendant que les corps français formés, le 29, en bataille sur la rive droite de l'Argogna, face aux positions principales de l'ennemi, auraient engagé l'action sur toute la ligne.

La crainte de la bataille décisive.

Une opération de cette nature comportait une bataille sanglante et décisive, dont le gain presque assuré, en raison de la supériorité numérique des alliés, aurait amené vraisemblablement la fin de la guerre.

Mais Napoléon III redoutait avant tout une bataille et se berçait de l'illusion de croire qu'il triompherait par la seule force de la manœuvre, presque sans effusion de sang.

Qu'en est-il résulté ?

Il n'a pu éviter les deux combats de Palestro, la bataille de Magenta, qui l'a mis à deux doigts de sa perte, le combat très meurtrier de Melegnano, enfin la grande bataille de Solférino.

Tous ces combats et batailles, sauf le combat de Melegnano, lui ont été imposés par l'ennemi et ont coûté à l'armée franco-sarde des pertes bien supérieures dans leur ensemble à celles qui seraient résultées pour elle d'une bataille décisive voulue, préparée, puis livrée, le 30 mai, sur l'Agogna.

En outre, les retards apportés par le faux humanitarisme de l'empereur à une action générale et décisive allaient permettre aux états de l'Allemagne, à la Prusse en particulier, de se concerter, de pousser leurs armements et d'imposer en quelque sorte la fin des hostilités au lendemain de Solférino, faisant ainsi mentir la proclamation impériale du début de la guerre où il était dit que l'Italie devait être « libre des Alpes à l'Adriatique ».

Enfin, en retardant la décision de la lutte, on courait le risque de voir l'Autriche renforcer considérablement son armée d'Italie ; ce qu'elle fit.

VI

La manœuvre pour déborder l'aile droite des Autrichiens

Revenons à Alexandrie, le 25 mai, tard dans la soirée.

Les officiers de l'état-major général sont occupés à établir les tableaux de marche des grandes unités de l'armée franco-sarde pour le mouvement à effectuer de la base Alexandrie-Casal vers la région comprise entre l'Agogna inférieure et le Tessin inférieur, sur laquelle on sait que l'armée autrichienne est réunie, quand l'empereur fait appeler le général de Martimprey et lui dit de suspendre l'envoi des ordres parce qu'il adopte décidément le plan d'opérations par le nord (1).

A part quelques mouvements de peu d'importance, l'armée franco-sarde n'avait pas bougé depuis le 16 mai.

Elle occupait, le 25, les emplacements suivants :

1er corps à Casteggio.

2e corps à Voghera.

(1) M. le lieutenant général prussien von Caemmerer a publié, en 1902, un livre de critique historique ayant pour titre « Magenta ». L'auteur y émet l'idée que Napoléon III, lorsqu'il prit la résolution de faire exécuter à l'armée franco-sarde une longue marche de flanc depuis Voghera jusqu'à Verceil, par la rive droite de la Sesia, afin de déborder l'aile droite des Autrichiens, savait d'une façon positive que l'ennemi ne ferait rien pour entraver cette manœuvre.

C'est là une pure hypothèse d'après laquelle l'espion italien, retour de Garlasco, le 25 mai au matin, aurait communiqué à l'empereur une copie des instructions données, le 19 mai, par Gyulai, en vue de parer aux attaques que les alliés pourraient faire, soit en débouchant sur la rive gauche du Pô entre Pavie et Plaisance, soit en marchant directement des environs de Valence sur Mortara ; l'éventualité d'une attaque générale et débordante des Franco-Sardes, par Verceil et Novare, étant laissée dans l'ombre.

Dans un article du « Militär Wochenblatt » paru en 1904, M. le lieutenant général von Caemmerer a maintenu sa croyance, malgré la connaissance qu'il avait acquise du plan Jomini dévoilé récemment par M. Germain Bapst.

Nous pensons, pour notre part, que ce plan a provoqué le mouvement sur Verceil, mais qu'avant de se résoudre à son exécution, par essence, fort périlleuse, Napoléon III avait acquis la quasi-certitude, à la suite du rapport de l'espion revenu de Garlasco, que les Autrichiens conserveraient une attitude passive entre Mortara et Pavie, sauf en cas d'attaque des alliés sur l'un ou l'autre de ces points.

L'hypothèse de M. le lieutenant général von Caemmerer paraît donc se concilier avec le plan Jomini, et elle est de nature à compléter ce que l'on sait des mobiles qui ont poussé Napoléon III à entreprendre la marche-manœuvre dont la sanction devait être, dix jours plus tard, la victoire de Magenta.

3ᵉ corps à Pontecurone (infanterie) et Tortone (artillerie, cavalerie et convois).

4ᵉ corps à Sale.

Garde à Alexandrie.

2 division sarde à Valence.

3 divisions sardes à Casale.

1 division sarde à Verceil.

La directive impériale du 26 mai.

Dans la matinée du 26, l'empereur remit au général de Martimprey la directive suivante :

« 26 mai.

« Armée sarde,

« 31 mai. — Trois divisions partiront de Verceil pour Novare en se « faisant éclairer ; une restera à Casal, *une autre occupera* (1) *la route* « *de Verceil à Palestro* (?).

« Armée française,

« 31 mai. — Le corps du maréchal Canrobert (3ᵉ) marchera sur No-« vare.

« 1ᵉʳ juin. — Niel . . . .)
        « Mac-Mahon. . . · }   sur Novare.
        « Garde impériale.)

« On rétablira les ponts à Verceil et on fera une tête de pont.

« Le général de Mac-Mahon fera un simulacre de passage à la Cave-« sina, à gauche de Voghera.

« Les batteries à cheval de la réserve resteront à Alexandrie.

« Le général Lebœuf transportera par le chemin de fer l'équipage du « pont pour passer le Tessin à Turbigo.

« La division (de cavalerie) Desvaux suivra le maréchal Canro-« bert (2). »

La directive se terminait par quelques indications sur les garnisons à laisser ou à mettre dans les places d'Alexandrie, de Casale et de Verceil, mais elle était muette en ce qui concernait le 1ᵉʳ corps d'armée.

---

(1) Comparer cette phrase avec celle du plan Jomini, page 48, où il est question de couvrir la route de Pavie à Verceil. *On ne couvre pas une route en l'occupant.*
(2) D'après M. Germain Bapst.

Muni de cette directive, le général de Martimprey fit établir un tableau des marches de l'armée franco-sarde, embrassant la période de six jours, comprise entre le 28 mai inclus et le 2 juin inclus.

Les journées du 26 et du 27 furent ainsi consacrées à la rédaction des ordres de mouvement dont l'exécution devait commencer le 28 au matin.

Suivant les indications de la directive impériale, six corps d'armée (quatre divisions sardes comptant pour un) vont marcher sur Novare, par Casale et Verceil, en une seule colonne, laquelle, mise en mouvement le 28 mai seulement, ne sera couverte sur son flanc droit que le 31 mai, et encore à distance insignifiante, par une simple division sarde *occupant la route de Verceil à Palestro* (?).

Jamais peut-être mouvement stratégique n'a été conçu de façon aussi défectueuse.

Fort heureusement pour lui, l'empereur avait dans le général de Martimprey un collaborateur intelligent, actif et réaliste, en sorte que les idées vagues ou erronées du souverain purent être traduites en dispositions médiocres au fond, mais exécutables.

Organisation de la marche des armées alliées sur Novare.

Il est mauvais de préciser les mouvements à effectuer par une armée durant une période de cinq ou six jours lorsqu'on est près de l'ennemi, car celui-ci, à moins d'être anesthésié, agira plus ou moins, dès qu'il aura connaissance des mouvements opposés en cours d'exécution.

La directive de l'empereur prescrivait la marche de l'armée franco-sarde sur Novare, par Verceil, sans indication d'itinéraires à suivre, les corps d'armée devant marcher, les uns derrière les autres, dans l'ordre suivant : sardes (4 divisions), 3e, 4e, 2e corps, garde et (sous-entendu) 1er corps.

Le 3e corps tenait la tête de l'armée française parce qu'il avait été dirigé, dès le 26, sur Alexandrie, en partie sur route (chevaux et voitures), en partie par le chemin de fer (infanterie) (1).

Sans tenir compte de l'armée sarde déjà réunie à Verceil (1 division)

----

(1) D'Alexandrie l'infanterie du 3e corps continua, par le chemin de fer, jusqu'à Casale.

et à Casale (3 divisions), les 5 corps d'armée français partant de Sale (4e),
de Voghera (2e), de Casteggio (1er), et d'Alexandrie (3e et garde) avaient
à suivre, pour atteindre Casale, un même élément de route, long de
15 kilomètres, qui est compris entre cette ville et le village de Mirabello.

Au nord de Casale, on disposait de deux routes sur Verceil, l'une
directe, l'autre passant par Trino. Le général de Martimprey prévit dans
le tableau de marche l'utilisation de l'itinéraire, par Trino, affecté à la
garde, ainsi que l'envoi du 3e corps à Palestro, par Prarolo, comme soutien de la division sarde détachée de Verceil sur Palestro.

Jusqu'alors, chaque corps d'armée s'était fait suivre immédiatement
de ses bagages, parcs et convois.

Aucune prescription ne fut formulée pour le franchissement du défilé
de 15 kilomètres compris entre Mirabello et Casale. Les corps d'armée
allaient donc continuer à traîner derrière eux, pendant le passage du
dit défilé, les 1.500 à 2.000 voitures constituant leurs impedimenta.

La durée d'écoulement d'un corps d'armée de cette époque, impedimenta compris, était de 8 heures environ.

Chaque soir, les corps d'armée devaient camper, concentrés, auprès
d'une localité située sur la route et que le tableau de marche indiquait.

L'utilisation de la route ne pouvant guère excéder 12 ou 13 heures de
jour, la longueur moyenne des étapes serait de 16 à 20 kilomètres
(8 heures d'écoulement plus 4 ou 5 heures de marche réelle).

C'est ce qu'avait bien compris le général de Martimprey fixant, par
exemple, au 1er corps, les étapes suivantes :

Le 28 mai, de Casteggio à Voghera.	12 kilomètres.	
Le 29 mai, de Voghera à Sale......	18	
Le 30 mai, de Sale à Valence......	16	—
Le 31 mai, de Valence à Casale. ..	26	—
Le 1er juin, de Casale à Verceil....	24	—

Soit, 96 kilomètres en cinq étapes, à raison de 19 kilomètres, en
moyenne, par jour.

Les corps d'armée couvriraient donc la route de marche depuis 5
heures du matin jusqu'à 6 heures du soir pour avancer de 15 à 20 kilomètres.

Au commencement d'août 1870, le prince Frédéric-Charles put faire
franchir par 150.000 hommes le long défilé de Kaiserslautern en deux

jours parce qu'il avait eu soin de reléguer en queue du dernier corps tous les parcs et convois de l'armée et qu'il fit cantonner ou bivouaquer ses corps d'armée de part et d'autre de la route, chacun, sur une profondeur de 20 à 25 kilomètres.

L'état-major général français de 1859, comme, onze ans plus tard, celui de 1870, ignorait la méthode napoléonienne pour faire exécuter de grandes marches à une grosse colonne sans augmenter la fatigue des troupes. C'est un art dont on avait perdu le secret en France depuis Waterloo.

Projet d'attaque à effectuer le 31 mai sur Robbio par trois divisions sardes.

Encore le 26 mai, l'empereur fit rédiger et adresser à Victor-Emmanuel une lettre explicative commençant par ces mots :

« Voici le plan que j'ai arrêté (?)...»

La lettre en question prescrivait l'envoi d'une division sarde, le 30 mai, à Palestro, par le pont de Verceil, et l'attaque de Robbio, le 31, par deux divisions sardes venant de Verceil en renfort de la division postée la veille à Palestro. Cette attaque serait soutenue par le corps Canrobert après son passage, le 31, sur la rive gauche de la Sesia au moyen des ponts de bateaux français, à construire entre Prarolo et Palestro.

L'empereur avait donc la prétention d'organiser cinq jours à l'avance l'attaque d'un gros village que l'on savait occupé par un détachement autrichien.

En cela il agissait comme si l'ennemi se fût cristallisé sur ses emplacements consécutifs au combat de Montebello (1).

Pour l'empereur, Robbio formait le point d'appui d'extrême droite de la ligne autrichienne, laquelle s'étendait jusqu'à Pavie, par la rive gauche de la Sesia inférieure et du Pô, ayant derrière elle les forces principales rassemblées entre Garlasco, San Nazzaro et Pavie.

Illusions de l'empereur sur la toute-puissance de la manœuvre.

Napoléon III voulait faire attaquer, le 31 mai, par trois divisions sardes, le détachement autrichien de Robbio, qu'il savait fort d'une brigade,

(1) Se reporter à la note placée au bas de la page 49.

mais là se bornaient ses velléités d'offensive, car il se figurait qu'en débordant l'armée autrichienne par le nord et par l'est il la contraindrait à se retirer sans combattre jusque dans le quadrilataire fortifié : Peschiera-Mantoue-Legnago-Verone.

L'empereur ne se rendait pas compte que si cette éventualité tant souhaitée par lui se réalisait, il lui faudrait faire le siège de deux de ces places appuyées par une armée intacte que le gouvernement autrichien pouvait porter à plus de 200.000 hommes, autrement dit, à un chiffre égal ou même supérieur aux effectifs réunis des armées alliées.

Quoi qu'il en soit, les mouvements prescrits, le 27, par les ordres datés de la veille, s'exécutèrent, du 28 au 31 mai, sans que l'ennemi leur apportât la plus légère entrave.

Toutefois, les dispositions initiales subirent, le 27, quelques modifications. La plus importante consista, sur la demande du roi, à pousser trois divisions sardes, et non une seule, le 30 mai, de Verceil sur Palestro.

C'est le 27 mai que Napoléon III écrivit au maréchal Randon, ministre de la Guerre, la lettre contenant ces mots :

« *Si j'avais eu mon parc de siège, je n'aurais pas été obligé de changer*
« MON *plan* (?). »

VII

Les deux combats de Palestro

L'inertie des Autrichiens, du 26 au 30 mai.

Du 26 au 30 mai, l'armée autrichienne ne fit aucun mouvement, bien que les avant-postes du 7ᵉ corps, disposés près de la rive gauche de la Sesia inférieure, eussent observé le passage d'un assez grand nombre de trains militaires sur la ligne d'Alexandrie à Casale.

Le 30 mai, ce corps d'armée avait un détachement à Novare, une brigade, à Robbio, occupant Palestro avec un bataillon et demi et deux pièces de canon, une brigade arrivant à Robbio pour y relever celle qui s'y trouvait, enfin son autre division un peu au nord-est de Candia.

L'armée sarde à Palestro, le 30 mai.

Les Autrichiens, quand ils s'étaient retirés de Verceil, le 19 mai, avaient fait sauter le pont du chemin de fer et le pont de la route de Novare, sur la Sesia.

Le 29 et la nuit suivante, les Piémontais construisirent un pont de chevalets, et le passage commença, le 30, à 6 heures du matin, pour se terminer à midi.

Le roi, emmenant ses 4 divisions disponibles sur Palestro, fit prendre du champ à deux d'entre elles, au nord de la route de marche, afin d'aborder le village concentriquement.

L'armée sarde rencontra les avant-postes ennemis sur un terrain très couvert, les surprit et s'empara de Palestro après un combat soutenu par une seule brigade autrichienne, l'autre brigade, depuis peu à Robbio, n'ayant pas marché au canon, en vertu de l'idée fausse alors encrée dans les cerveaux autrichiens d'après laquelle une unité engagée devait être appuyée, en arrière et sur ses flancs, par des troupes immobiles en position défensive.

Les Autrichiens chassés de Palestro se retirèrent sur Robbio, et les

Sardes s'établirent pour la nuit sur le front Palestro-Confienza, couverts sur leur front par le canal de Busco.

Attaque infructueuse des Autrichiens sur Palestro, le 31 mai.

Le 30 au soir, quand la nouvelle de l'engagement parvint au général Gyulai, à Garlasco, des ordres furent expédiés à l'une des divisions du 2ᵉ corps de se porter aussitôt sur Robbio (distance 22 kil.), à l'autre division, de pousser, la nuit même, jusqu'à Mortara, enfin au 3ᵉ corps d'être concentré, le lendemain matin, à Trumello et d'y demeurer jusqu'à nouvel ordre.

D'après ces dispositions, il y aurait, le 31 mai au matin, à Robbio, deux divisions d'infanterie, à Mortara (1), une division, et à Trumello (2), un corps d'armée.

Le général Gyulai alla, le soir même, à Robbio et y donna des ordres pour l'attaque de Palestro, à effectuer dans la matinée du lendemain, 31 mai, par trois brigades marchant concentriquement sur Palestro, la première de Confienza, la seconde de Robbio, et la troisième de Rosasco, en conservant la quatrième brigade, comme réserve, à Robbio.

Cette disposition visait uniquement à s'emparer d'un point topographique, Palestro, que l'ennemi occupait avec une partie seulement de ses forces.

Par le maintien d'une brigade à Robbio, on se privait du quart des troupes disponibles.

Passons à l'exécution !

La région très couverte de Palestro-Robbio est parsemée de canaux profonds et de ruisseaux alors enflés par les pluies.

Les brigades autrichiennes obtinrent tout d'abord quelques succès et parvinrent à proximité de Palestro, mais celle de gauche, prise en flanc par le 3ᵉ zouaves, comme nous l'expliquons plus loin, fut mise en déroute et sa fuite désordonnée entraîna la retraite des autres brigades sur Robbio.

(1) De Mortara à Robbio : 15 kilomètres.
(2) De Trumello à Robbio : 26 kilomètres.

On a peine à croire que Gyulai ne se soit pas douté de la présence de l'armée française aux environs de Verceil.

La hardiesse des Sardes, le 30, aurait dû lui donner l'éveil.

Arrivée du corps Canrobert et engagement du 3ᵉ zouaves.

Le corps Canrobert atteignit Prarolo, le 30, et forma ses camps autour de ce village.

Vers trois heures de l'après-midi arriva l'équipage de ponts amené par le général Lebœuf.

Par suite de la crue de la Sesia, on ne put jeter qu'un pont, lequel ne fut terminé que le lendemain matin vers 7 heures. Le passage des troupes du 3ᵉ corps dura six heures.

Le 3ᵉ zouaves, du 5ᵉ corps, avait été emmené par le maréchal Canrobert pour être mis, par ordre de l'empereur, à la disposition de Victor-Emmanuel. Le régiment était massé au sud de Palestro quand les zouaves virent la colonne autrichienne marchant sur le village par le bord du canal Scotti, voisin de la Sesia. D'instinct, les zouaves se précipitent en avant, traversent le canal, ayant de l'eau jusqu'aux épaules, et abordent en flanc les Autrichiens à la fois surpris et saisis d'épouvante.

La déroute de cette colonne fut complète. Les zouaves s'emparèrent de 7 pièces de canon et firent 500 prisonniers.

Le combat, commencé à dix heures et demie, prit fin vers deux heures.

Le roi Victor-Emmanuel, accouru auprès des zouaves, se joignit à leur attaque et reçut d'eux, quelques jours plus tard, en guise d'hommage rendu à sa bravoure, les galons de caporal.

L'empereur visite le terrain du combat.

L'empereur, qui se trouvait à Verceil, fut attiré par le bruit du canon. Il parvint au pont de bateaux à 2 heures, le franchit, puis, accompagné du roi, du général Bourbaki et du maréchal Canrobert, il alla auprès du 3ᵉ zouaves, à peine rallié et encore tout frémissant.

Mais la vue des tués et des blessés l'avait transfiguré. « Plus un mot; « son regard se voile; il s'absorbe, ne voit plus rien et ne semble plus « entendre (1). »

(1) *Le Maréchal Canrobert*, par M. Germain Bapst.

L'attitude découragée de Napoléon III fit dire, le soir même, au général Bourbaki :

« Je regrette d'avoir montré le champ de bataille à l'empereur, ça lui « fait une telle impression qu'il va s'arrêter (1). » Que penserait-on d'un chirurgien qui perdrait toute contenance à la vue du sang, ou bien encore d'un amiral auquel le mal de mer enlèverait tous ses moyens?

(1) *Le Maréchal Canrobert,* par M. Germain Bapst.

VIII

L'ORGANISATION DE LA MARCHE DES ALLIÉS SUR MILAN

Mouvement des corps d'armée français, le 31 mai et le 1er juin.

Le 29, l'empereur, à Alexandrie, avait appris par le rapport d'un espion italien très rusé que l'ennemi occupait Novare avec un détachement de 1.000 hommes, que le 7e corps autrichien était disséminé depuis Robbio jusqu'en face de Valence (quartier général à Mortara), et que le gros de l'armée autrichienne se trouvait encore vers Pavie.

Supposant avec raison que l'armée franco-sarde n'aurait affaire de quelques jours qu'au seul 7e corps autrichien, l'empereur s'était décidé, le 21, en entendant le canon de Palestro, à pousser, le jour même, le corps Niel (4e) jusqu'à Camariano, et le corps Mac-Mahon (2e) jusqu'à Borgo-Vercelli.

Le 31 au soir, ces deux corps d'armée reçurent l'ordre d'occuper Novare, le lendemain matin.

Le 1er juin, dès que la prise de Novare lui fut connue, Napoléon III fit prescrire au général Niel de quitter cette ville et d'établir son corps d'armée vers Olengo (5 kilomètres de Novare), près de la route de Mortara. La garde se porta, le jour même, de Verceil sur Novare. L'équipage de ponts dut replier le pont établi entre Prarolo et Palestro, puis venir à Novare sans désemparer.

Dans l'après-midi, l'empereur se rendit à Novare et y réunit un *conseil de guerre* composé du maréchal Vaillant et des généraux de Martimprey, Lebœuf et Frossard.

Le maréchal Vaillant et le général Frossard, en leur qualité d'anciens sapeurs, sont d'avis que l'armée prenne position face au sud et attende l'attaque des Autrichiens.

Les généraux de Martimprey et Lebœuf demandent, au contraire, qu'avec les 150.000 hommes disponibles on marche sur Mortara, en vue de livrer bataille à l'ennemi.

L'empereur, lui, désire que les Autrichiens viennent l'attaquer et se persuade que le mieux est d'attendre les événements.

LES FORCES OPPOSÉES, LE PREMIER JUIN AU SOIR

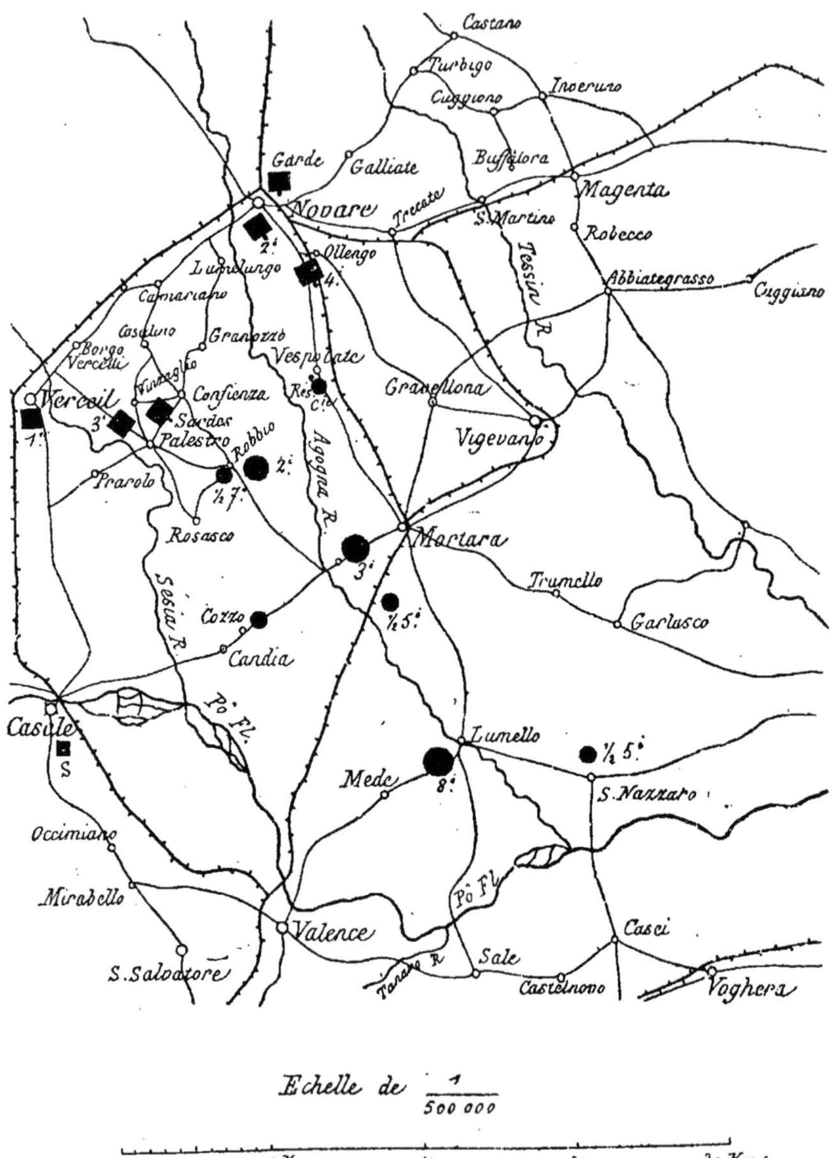

Le dispositif franco-sarde du 1er juin au soir.

Dans la soirée du 1er juin, la situation des alliés était la suivante :

A Novare, les 4e et 2e corps plus la garde, présentant ensemble 70.000 hommes.

A Verceil, le 1er corps : 20.000 hommes.

A Palestro et environs, le 3e corps et 4 divisions sardes, soit : 60.000 hommes.

Admettons par la pensée que l'armée autrichienne ait été concentrée, le 31 mai et le 1er juin, sur le front, Mortara-Vigevano. Cette armée pouvait marcher, le 2 juin à la pointe du jour, de Mortara, de Gravellona et de Vigevano sur Novare pendant que la division établie à Robbio exécuterait une démonstration sur Palestro.

Dans cette hypothèse, 100.000 Autrichiens eussent rencontré, au sud et près de Novare, 70.000 Français que les 20.000 hommes du 1er corps et les 60.000 hommes du 3e corps et de l'armée sarde étaient incapables de secourir le jour même, en raison de leur éloignement et de la nécessité pour eux de franchir l'Agogna sur le pont unique de la route de Verceil à Novare.

C'était donc une grave erreur de la part de Napoléon III que de diviser son armée en deux parties séparées par l'Agogna, dépourvue de nombreux moyens de passage, avec l'arrière-pensée d'accepter la bataille que viendrait lui offrir l'armée autrichienne sur l'une ou sur l'autre rive de ce cours d'eau.

L'empereur pendant la matinée du 2 juin.

L'empereur avait employé la soirée du 1er juin à lire le livre de Le Masson sur la bataille de Novare (1849) (1).

Le 2 juin, de très bonne heure, il alla visiter en voiture le champ de bataille de Novare, et se fit conduire, tout d'abord, à la Bicoque, hameau célèbre par une défaite des Français au temps de François 1er.

Près de là était campé le 4e corps.

La voiture, escortée par le général Niel et quelques officiers, dépassa les régiments et s'avança sur la route de Mortara.

A un certain moment, l'empereur fait arrêter et entame avec le général Niel le colloque suivant :

(1) D'après M. Germain Bapst.

— « Sommes-nous au delà des avant-postes?

— « Oui, sire.

— « Dans ce cas ils ne sont guère en avant des camps(1). »

On retourne en arrière et, une fois auprès des troupes, le général Niel apprend que l'on a oublié de placer des avant-postes. Il n'en dit rien sur l'heure, mais, le lendemain, il écrivait au commandant de sa cavalerie :

« Vous envoyez un peloton sur une route, vous lui donnez comme ins-
« truction de pousser à 2 ou 3 kilomètres en avant, puis de revenir ;
« tous les matins vos reconnaissances font une promenade identique et
« rentrent avec la même rengaîne : « Rien de nouveau.»

« Les Autrichiens qui connaissent ces errements laissent passer vos patrouilles en s'en cachant et nous ne savons rien.

« A l'avenir, je veux que vous *déterminiez d'avance le point où vous devrez vous enquérir de l'ennemi* (1). »

Cette prescription excellente ne fut pas comprise.

En juillet et août 1870, la cavalerie française ne sut pas mieux faire son service de reconnaissance qu'en mai et juin 1859.

Le 2 juin, le 4ᵉ corps aurait dû avoir une brigade d'infanterie avec quelques escadrons, en avant-garde, à 3 kilomètres environ au sud d'O-lengo, fournissant des avant-postes sur un front de 5 ou 6 kilomètres.

Mais la notion de l'avant-garde en station ne devait pénétrer dans l'armée française que trente ans plus tard.

De retour à Novare vers 8 heures du matin, l'empereur reçut la visite d'un officier sarde envoyé par le roi avec mission de lui transmettre son ardent désir de voir les armées alliées se porter, le plus tôt possible, vers le sud à la rencontre de l'ennemi.

Mais Napoléon III croyait trop à la toute-puissance de la manœuvre pour risquer une bataille de son plein gré.

En cela, il ressemblait peu à son oncle, écrivant, le 10 octobre 1806, au maréchal Soult, dans un moment où la supériorité de ses forces et leur prochaine réunion « en bataillon carré » lui offrait toutes les chances de vaincre :

« Si ma jonction est faite (le 12), je pousserai en avant jusqu'à Neus-
« tadt ou Triptis ; après cela, quelque chose que fasse l'ennemi, s'il

(1) *Le Maréchal Canrobert*, par M. Germain Bapst.

« m'attaque, je serai enchanté, s'il se laisse attaquer, je ne le manque-
« rai pas... Je désire beaucoup une bataille. »

Stationnements prescrits, le 2, pour le 4 juin.

C'est le 2 juin, vers 9 heures du matin, que partirent les premiers
ordres de Napoléon III pour les mouvements à la suite desquels l'armée
franco-sarde occuperait, le 4 après la marche, une nouvelle position
défensive encore face au sud, mais, cette fois, à cheval sur le Tessin, et
non plus sur l'Agogna.

On aurait ainsi :

Sur la rive droite du Tessin :

Le 3ᵉ corps à Novare ;

Le 1ᵉʳ corps à Olango ;

Le 4ᵉ corps à Trecate.

Sur la rive gauche :

La garde à Buffalora ;

Le 2ᵉ corps à Magenta ;

L'armée sarde à Turbigo.

Des ponts de bateaux établis à San-Martino, entre Trecate et Buffalora, assureraient (?), *sur la ligne de bataille même*, la liaison des deux
moitiés de l'armée, séparées par une rivière — le Tessin — large et
profonde.

Ce dispositif n'a pu être réalisé entièrement, par suite de la bataille
inopinée de Magenta, laquelle s'est livrée le 4 juin ; mais on connaît
tous les détails du dispositif grâce aux ordres particuliers de l'empereur, lancés le 2 et le 3, à l'ordre général du 4 juin, 4 h. 1/2 du matin,
enfin à la lettre écrite par Napoléon III, le 1ᵉʳ juillet 1861, au colonel
Saget, principal auteur du récit officiel de la campagne.

La lettre en question contient ce passage qui éclaire d'un jour crû la
stratégie de Napoléon III :

« Mon armée étant en bataille en avant (sud) de Novare et faisant face
« à Mortara, j'ai fait passer le Tessin à ma réserve (armée sarde) et à
« mon aile gauche (2ᵉ corps), n'étant pas sûr de n'être pas attaqué sur
« mon front.

« Si j'avais eu le temps de faire mon mouvement, voici comment je
« voulais établir mes troupes, le jour même de la bataille (4 juin) :

« Le corps de Mac-Mahon à Magenta ; toute la garde à Buffalora ; sur
« la rive droite, les trois autres corps (3ᵉ, 2ᵉ, 4ᵉ) ; l'armée piémontaise en
« réserve (à Turbigo) ; des ponts de bateaux jetés à San-Martino me per-
« mettaient de manœuvrer sur les deux rives du fleuve.

« *Surpris dans l'exécution de ce mouvement, mes dispositions ont dû*
« *être changées, et c'est ce qui en explique le décousu (1).* »

Nous ferons ressortir, en exposant les mouvements des Autrichiens,
le 2 et le 3 juin, les conséquences qui fussent résultées pour l'armée
franco-sarde de la situation où l'avait mise l'empereur, le 3 et le 4 juin,
si l'armée autrichienne eût été commandée par un chef capable, actif et
entreprenant.

Ordres particuliers donnés par l'empereur le 2 juin.

Le 2 juin à 11 h. du matin, l'empereur, à Novare, prescrivit au général Camou, commandant la division des voltigeurs de la garde, de marcher le plutôt possible sur Turbigo et, auparavant, de protéger la construction de ponts de bateaux vis-à-vis de cette localité.

Vers midi, ordre fut donné au corps Mac-Mahon (2ᵉ) d'aller à Trecate.

A la même heure, l'empereur écrivit au roi de faire filer tous ses
bagages et convois sur Novare, le soir même, d'attaquer ensuite Robbio
et, ce village une fois pris, de l'abandonner pour marcher, de nuit, avec
toutes ses troupes et le corps Canrobert (3ᵉ), sur Novare, après avoir fait
sauter tous les ponts entre Robbio et Palestro.

« Dès que les troupes françaises et sardes seront arrivées à Novare,
« disait la lettre, nous nous porterons à marches forcées sur Milan (1). »

Les prescriptions que nous venons d'énumérer témoignent chez l'empereur d'une grande méconnaissance des réalités de la guerre.

Il veut qu'après l'écoulement des *impedimenta* sur la route de Palestro
à Novare, c'est-à-dire à la chute du jour, l'armée sarde, à 4 divisions, et
le corps Canrobert, à 3 divisions, attaquent Robbio, s'en emparent, re-
foulent les Autrichiens vers le sud, fassent sauter les ponts et viennent
à Novare par une marche de nuit.

Ces diverses opérations étaient inexécutables dans le temps prescrit
et ne pouvaient se terminer au plus tôt que le lendemain après-midi.

---

(1) *Le Maréchal Canrobert*, par M. Germain Bapst.

On voit par là, encore une fois, le danger que faisait courir à l'armée franco-sarde le commandement de l'empereur.

Vers 2 heures, au moment où la lettre impériale fut remise au roi (1), celui-ci apprit par des paysans que les Autrichiens venaient de quitter Robbio, se dirigeant vers le sud.

Victor-Emmanuel envoya deux de ses divisions occuper cette localité et ses abords.

En même temps, il rendit compte du fait à Napoléon III en insistant pour que l'on marchât sans retard sur les traces de l'ennemi en retraite.

La réponse expédiée de Novare à 6 h. 55 du soir ne fit que confirmer les prescriptions de la lettre de midi ; elle portait, en outre, que l'armée sarde continuerait sa marche au delà de Novare jusqu'à Galliate, en vue de franchir le Tessin sur les ponts jetés devant Turbigo, et qu'elle serait suivie dans son mouvement sur Turbigo par le 3° corps.

Les marches du 2 et du 3 juin.

Le 2° corps atteignit Trecate dans le courant de l'après-midi, et son chef, le général de Mac-Mahon, y reçut l'ordre, vers 6 heures, de diriger, à 7 heures du soir, la division Espinasse sur San Martino, afin de reconnaître l'état du pont du chemin de fer et de la route en cet endroit.

A minuit, le 2° corps eut l'ordre de marcher, le 3 au matin, sur Turbigo, et, une heure et demie plus tard, un nouvel ordre informa le général de Mac-Mahon que la division de Lamotterouge exécuterait seule ce mouvement.

La division Espinasse (2° corps), ayant le 2° zouaves en tête de colonne, atteignit San Martino entre 8 et 9 heures du soir.

Les Autrichiens avaient mis le feu aux mines pratiquées dans le pont en pierre commun au chemin de fer et à la route, mais, faute d'une quantité de poudre suffisante, le pont s'était seulement affaissé, en sorte qu'il pouvait encore donner passage à l'infanterie.

L'empereur fut prévenu de cette circonstance, le soir même.

Une compagnie du 2° zouaves fut poussée au delà du pont sans rencontrer un seul Autrichien, et la nuit se passa sans incident.

Le lendemain matin, 3 juin, à 9 heures, le général Espinasse reçut

____

(1) Cette lettre est reproduite, *in extenso,* dans *le Maréchal Canrobert,* par M. Germain Bapst.

de l'empereur l'ordre de rejoindre son corps d'armée (le 2e) à Turbigo, par Trecate et Galliate.

Ce général, considérant que le pont de San Martino était praticable à l'infanterie, crut devoir provoquer un nouvel ordre avant de se mettre en mouvement.

Vers 11 heures, on aperçut des habits blancs sur les hauteurs de la rive gauche, près de la route de Milan.

Sur ces entrefaites, l'empereur arriva au pont de San Martino, et, malgré les objections que lui fit le général Espinasse, il donna l'ordre à cet officier général d'emmener sans retard sa division à Turbigo, en laissant seulement les zouaves au pont jusqu'à ce qu'ils fussent relevés par la division des grenadiers de la garde.

A 3 heures, le 2e zouazes eut l'ordre de partir sans plus attendre et c'est à 4 heures que les grenadiers de la garde occupèrent Trecate, sans détacher une fraction au pont de San Martino, lequel restera non gardé jusqu'au lendemain matin.

La veille dans l'après-midi, la division des voltigeurs de la garde était parvenue devant Turbigo sans encombre, avait protégé l'établissement des ponts de bateaux, au nombre de trois, et avait campé pour la nuit, une brigade à Turbigo, l'autre brigade sur la rive droite du Tessin devant les ponts.

Le roi n'avait pu se conformer aux ordres contenus dans les lettres impériales du 2 juin, midi et 6 h. 55 du soir.

L'armée sarde ne fut mise en mouvement que le 3 juin à la première heure. La 2e division tenait la tête, puis venait la 3e division. Les 1re et 4e divisions sardes, qui avaient campé, la veille au soir, près de Robbio, partirent en retard, de sorte qu'il se forma un vide assez considérable entre la queue de la 3e division et la tête de la 1re.

Les Sardes suivirent le chemin, par Confienza, Granozzo et Lumelungo, qui débouche sur la grande route de Verceil à Novare, un peu au delà de ce dernier village.

Le corps Canrobert (3e) partit également de grand matin en utilisant le chemin, par Vinzaglio, Casalino, qui débouche sur la grande route de Novare, à Camariano.

Lorsque la tête du 3e corps parvint à l'embranchement du chemin venant de Lumelungo, la 3e division sarde n'était pas encore passée tout entière sur la grande route.

La 1re division sarde étant encore loin, le corps Canrobert prit la queue de la 3e division sarde.

La 1re divison sarde suivie de la 4e dut s'arrêter en deçà de l'embranchement pour attendre la fin du défilé du 3e corps, mais, comme cela exigeait un temps fort long, ces divisions formèrent leurs camps près de Lumelungo et y passèrent la nuit.

Le 1er corps était venu, le 2 juin, de Prarolo sur Novare, par Verceil, et avait campé face au sud, près de la grande route et à hauteur de Lumelungo, par conséquent sur la rive droite de l'Agogna. Le 3 juin, ce corps d'armée conserva sa position de la veille. Le 3 également, le 4e corps resta près d'Olengo et envoya sur Vespolate des reconnaissances qui ne rencontrèrent pas l'ennemi.

Le même jour, le 2e corps quitta Trecate de très bonne heure et marcha sur Turbigo, par Romantino et Galliate.

Le Tessin une fois franchi, la division de Lamotterouge achevait vers deux heures de former son camp, à l'est de Turbigo, sur un terrain très couvert, quand le général de Mac-Mahon, monté avec ses généraux et son état-major dans le clocher du village afin de scruter l'horizon, aperçut, à quelques centaines de mètres, une colonne autrichienne évaluée à 500 ou 600 hommes en marche de Robecchetto sur Turbigo.

Généraux et officiers d'état-major se hâtèrent de descendre et coururent à leurs chevaux.

Le régiment de tirailleurs algériens, bientôt suivi du 45e régiment, prend les armes, se forme en ligne de bataillons à intervalles de déploiement et marche sans rien voir de l'ennemi, à cause des arbres, dans la direction qu'on lui indique.

La rencontre se produit à brûle-pourpoint. Les turcos chargent, à la baïonnette, les Autrichiens qu'ils mettent en déroute en leur enlevant une pièce de canon.

On a donné à ce petit engagement le nom de combat de Turbigo.

La colonne autrichienne battue formait une reconnaissance poussée par l'avant-garde de la division Urban, alors en mouvement de la région des lacs vers le sud pour rallier le gros de l'armée autrichienne, après avoir refoulé dans les Alpes un corps de partisans italiens commandé par Garibaldi.

Ordres particuliers de l'empereur, le 3, pour le 4 juin.

L'empereur, qui était allé le matin à San-Martino, revint à Novare pour déjeuner et, vers 4 heures, il repartit en voiture dans le but de visiter le terrain de Turbigo ; son retour eut lieu un peu avant la nuit.

Pendant cette journée du 3 juin, Napoléon III reçut des renseignements très positifs sur la retraite générale et précipitée des Autrichiens au delà du Tessin et il eut deux entretiens importants, l'un avec le roi, dans la matinée, l'autre avec le maréchal Canrobert, le soir à 7 h. 1/2.

Victor-Emmanuel désirait que toute l'armée marchât sur les traces des Autrichiens, de manière à les attaquer en queue, pendant leur passage sur la rive gauche du Tessin.

L'empereur le laissa parler, mais ne dit mot, ce qui de sa part indiquait une résolution inébranlable.

Le maréchal Canrobert exposa les mêmes idées que le roi en les appuyant d'une note provenant du service des renseignements sardes ainsi conçue :

« La retraite des Autrichiens est complète ; ils ont abandonné Mortara
« hier, 2 juin. Dans la nuit ils ont marché sur Vigerano, Beregardo et
« Pavie. Leur retraite est si précipitée qu'ils ont abandonné leurs appro-
« visionnements et tout ce qu'ils avaient réquisitionné (1). »

Napoléon III était un doux entêté, Canrobert le savait, il n'insista pas.

Tard dans la soirée, mais cependant avant minuit, l'empereur adressa au roi la lettre ci-dessous, que nous reproduisons intégralement en raison de son importance.

« Novare, 3 juin 1859.

      « Monsieur mon frère,

« Voici comment j'ai arrêté le mouvement de demain :

« V. M. se portera avec toute son armée à Turbigo, où elle passera les
« trois ponts qui doivent y être. Elle s'arrangera (*sic*) de manière à être
« à Turbigo à 9 h. 1/2.

« Le général de Mac-Mahon, qui occupe déjà les hauteurs, précédera
« V. M. et se rendra à Magenta.

« Arrivé là, la grande route directe de Milan et le pont de San Marti-
« no se trouvant libres, on établira les ponts à San Martino et je ferai

---

(1) *Le Maréchal Canrobert*, par M. Germain Bapst.

« passer mes autres divisions de la garde à Magenta, où V. M. mettra
« son quartier.

« Après demain, V. M. pourra entrer à Milan et j'enverrai un corps
« d'armée à Abbiategrasso pour poursuivre l'ennemi ; je ne peux pas le
« faire avant, parce que je ne peux faire passer à San Martino que de
« l'infanterie, sans chevaux ni artillerie, tant que le pont ne sera pas
« rétabli.

« Sur ce, etc...... (1). »

La lettre impériale n'indique ni but, ni plan.

Il n'y est question que des Sardes, du 2ᵉ corps et de la garde ; quant
aux 3ᵉ, 1ᵉʳ et 4ᵉ corps, le roi ignorera leurs mouvements jusqu'à l'heure
tardive où il recevra communication de l'ordre général daté du 4 juin,
4 h. 1/2 du matin, pour les opérations de la journée.

L'empereur manifeste l'intention de jeter des ponts à San Martino,
et il sous-entend, avec l'équipage de Turbigo, après que l'armé sarde
aura franchi le Tessin.

Il ne dit pas si les divisions sardes iront, le 4, à Magenta et ne parle
que du quartier du roi à y transporter.

Napoléon III ne s'attend à aucun engagement, le 4 et le 5 juin, puisqu'il autorise le roi à entrer à Milan le 5, croyant que l'ennemi continuera sa retraite, sans combattre, au moins jusque derrière l'Adda.

Ses idées militaires l'ont incité à s'avancer, à partir du 1ᵉʳ juin, sur
Milan en trois bonds successifs, le premier de Verceil à Novare, le second
de Novare à Magenta, le troisième de Magenta à Milan, et, après chacun
des deux premiers bonds, l'armée est en bataille, face au sud, *à cheval
sur une rivière non guéable.*

Ces dispositions ne peuvent qu'exciter l'étonnement de ceux des
officiers français de ce temps qui ont étudié la guerre à l'école de
Napoléon Iᵉʳ.

Dans son récit de la campagne de 1859, publié en 1862, Moltke a cri-
tiqué certaines opérations franco-sardes avec une modération qu'explique la crainte que Napoléon III inspirait alors à l'Europe.

Au sujet de la situation des alliés, le 2 et le 3 juin, il a écrit :

« La situation de l'armée française, ce jour-là (le 2) et le lendemain
« (le 3), fut telle qu'un ennemi audacieux *ayant ses forces réunies* aurait
« pu la rendre très critique. »

(1) *Le Maréchal Canrobert,* par M. Germain Bapst.

Encore le soir du 3 juin un peu avant minuit, l'ordre ci-dessous fut adressé au général de Mac-Mahon, à Turbigo :

« Demain matin, à 9 h. 1/2, le Roi occupera *la tête de pont de Turbi-*
« *go* (?) avec une division de son armée et réunira la division Fanti (2°)
« à votre corps d'armée et aux voltigeurs de la garde déjà sous vos
« ordres.

« Aussitôt que vous aurez réuni ces quatre divisions, vous descendrez
« le Tessin par sa rive gauche pour aller occuper Magenta et Buffalora.

« Au moment où vous arriverez sur ce point, le général commandant
« la garde, averti par la fusillade que vous aurez eu lieu d'ouvrir sur
« ce point, ou prévenu par vous si vous ne rencontrez pas l'ennemi,
« traversera le pont de Buffalora pour faire sa jonction avec vous, en
« vous amenant la division des grenadiers.

« Vous avez à vous entendre avec le commandant de la garde pour *le*
« *choix et la répartition des positions à occuper*, et, en cas d'hostilités,
« vous vous placerez sous ses ordres (1).

« NAPOLÉON. »

L'ordre qui précède n'offre ni but ni plan. Il n'indique pas de quel côté on doit faire face à l'issue de la marche.

D'après cet ordre, 3 divisions sardes sur 4 resteront à Turbigo, puisque Mac-Mahon ne doit en emmener qu'une sur Magenta; mais on est surpris de voir que la division sarde Fanti soit donnée au général de Mac-Mahon alors que, dans la lettre au roi expédiée à la même heure, il n'en est pas question.

D'autre part, le général Lebœuf reçut de l'empereur, à minuit, l'ordre verbal de replier les ponts de Turbigo, le 4 vers midi, après le passage présumé de l'armée sarde, et d'amener l'équipage à San-Martino pour y jeter de nouveaux ponts de bateaux.

(1) *Le Maréchal Canrobert*, par M. Germain Bapst.

IX

La matinée du 4 juin

Ordre général d'opérations du 4 juin.

Le 4 juin, à 4 h. 1/2 du matin, le maréchal Vaillant signa et fit expédier, *sous forme de lettre*, au roi et aux commandants de corps d'armée, l'ordre général ci-dessous :

« Ce matin, vers 9 h. 1/2, S. M. le roi arrivera aux ponts de Turbigo « avec son armée (1), et les passera immédiatement pour rejoindre à « Magenta le général de Mac-Mahon, qui, à la même heure, aura pris « avec son corps et la division des voltigeurs la direction de Magenta.

« Au moment où il (de Mac-Mahon) arrivera sur ce point, la division « des grenadiers viendra l'y rallier, l'infanterie passant sur le pont en « pierre qu'elle peut encore franchir malgré ses dégradations, la cavalerie, « l'artillerie et les bagages attendant le rétablissement de cette commu- « nication ou l'achèvement d'un pont de bateaux. Pour cette construc- « tion, le général de la garde, établi à Trecate, mettra, dès le matin, à « la disposition du général Lebœuf une brigade qui se maintiendra tou- « tefois sur la rive droite.

(Suivent des prescriptions pour la garde de l'empereur, à Novare.)

« Le corps (4ᵉ) du général Niel (à Olengo) se portera à Trecate, où il « remplacera les grenadiers.

« Le maréchal Baraguay d'Hilliers (1ᵉʳ corps, près de Lumelungo) rem- placera le corps du général Niel à Olonzo (Olengo).

« Ces mouvements commenceront à 10 heures.

« Le corps (3ᵉ) du maréchal Canrobert ne bougera pas ce matin de sa « position sous Novare, sauf une brigade qui devra arriver à 11 heures « aux ponts de Turbigo pour les garder après le passage de l'armée « royale. Cette brigade ralliera le corps du maréchal Canrobert, lorsque « celui-ci dépassera à son tour le Tessin. L'empereur sera vers midi au « pont de Buffalora (San-Martino), rive droite. Après la réunion de la

____

(1) 4 divisions d'infanterie et 1 division de cavalerie.

« garde impériale et du 2° corps, le général Régnaud de Saint-Jean-
« d'Angély prendra le commandement jusqu'à l'arrivée de l'empereur,
« *pour l'occupation des positions en cas d'hostilités* (1).

« Maréchal Vaillant, major général. »

1° L'ordre général que nous venons de transcrire ne donne pas un but et un plan

2° De quel côté devront faire face les 4° et 1ᵉʳ corps? On ne le dit pas.

3° Les mouvements prescrits aux 2°, 4° et 1ᵉʳ corps ne doivent commencer qu'à 10 du matin, parce que l'on veut que l'armée sarde ait commencé le passage du Tessin, à Turbigo, lorsque le 2° corps entamera sa marche sur Magenta. L'auteur de l'ordre ignore donc que deux divisions sardes sont en panne depuis la veille, près de Lumelungo, sur la rive droite de l'Agogna.

4° L'envoi d'une brigade du 3° corps à Turbigo, pour y garder les ponts après le passage de l'armée sarde, est en contradiction avec l'ordre du général Lebœuf de replier ces ponts, aussitôt les Sardes passés, et de les reconstruire à San Martino.

5° L'ordre général admet implicitement que les bagages et convois de chaque corps d'armée marcheront à sa suite, quand il prescrit aux bagages de la garde d'attendre, à San Martino, la réfection du pont de pierre ou la construction d'un pont de bateaux.

D'ailleurs, depuis le commencement de la campagne, les *impédimenta* des corps d'armée les ont toujours suivis, sans que des prescriptions ait été données pour les grouper et les maintenir, certains jours, à une distance convenable en arrière des troupes.

Il va en résulter que la garde, le 4° et le 1ᵉʳ corps, ne disposant que de l'unique route de Novare à Milan pour atteindre les emplacements prescrits, la colonne qu'ils formeront sera d'une longueur excessive.

6° L'ordre ne dit pas si l'armée sarde continuera, de Turbigo vers Magenta, et il ne reproduit pas la prescription de la lettre impériale de la veille au général de Mac-Mahon sur l'adjonction de la division sarde Fanti au 2° corps.

7° Enfin l'ordre général aurait dû être lancé la veille ou dans la nuit.

8° On pourrait adresser à cet ordre d'autres critiques sur le fond de l'opération, mais le major général n'était rien par lui-même et ne

(1) *Le Maréchal Canrobert*, par M. Germain Bapst.

faisait que traduire, pour exécution, les intentions de l'empereur.

On se figure aisément la joie maligne qu'a dû éprouver Moltke pendant qu'il analysait, en 1861, les dispositions de l'armée française au cours de la campagne de 1859.

Quelle proie facile lui offrirait cette armée, en dépit de la bravoure et des qualités naturelles de ses soldats, après que la Prusse aurait exclu l'Autriche de la confédération germanique !

Visites du maréchal Canrobert à l'empereur, et ordre au 3° corps d'aller à Magenta.

Le maréchal Canrobert dut recevoir communication de l'ordre général, le 4 juin vers 6 heures du matin. Il se précipita chez l'empereur et lui présenta les dangers de la situation, à peu près en ces termes :

« L'armée autrichienne est entièrement réunie sur la rive gauche du « Tessin ; il faut donc y transporter la totalité de l'armée, sinon on « expose le 2° corps et l'armée royale à recevoir tout l'effort de l'ennemi « sans que les trois corps restés autour de Novare puissent venir à leur « secours (1). »

Napoléon III ne répondit rien et le maréchal se retira. Sur ces entrefaites, un officier envoyé en reconnaissance spéciale, par ordre du général Frossard, rendit compte, vers 6 heures 1/2 du matin, que le pont de San Martino, praticable à l'infanterie, le serait également à la cavalerie et à l'artillerie après quelques travaux de réparations. Au même moment, de nouveaux rapports d'espions confirmèrent le passage de toute l'armée autrichienne sur la rive gauche du Tessin.

L'empereur fit alors rappeler le maréchal Canrobert et lui prescrivit de partir des environs de Novare, à 11 heures, avec son corps d'armée, pour atteindre Magenta dans la soirée.

Le roi, le général de Mac-Mahon et le général Lebœuf furent informés de cette nouvelle disposition par la dépêche suivante :

« Novare, 8 heures 55 matin.

« Le pont de Buffalora (San Martino) devant être praticable pour l'ar« tillerie dans deux heures, je dirige Canrobert de ce côté. Il ne passera « donc plus à Turbigo, comme je vous l'avais écrit (1). »

(1) *Le Maréchal Canrobert*, par M. Germain Bapst.

En donnant l'ordre au 3e corps de marcher, à 11 heures, de Novare sur Magenta, l'empereur ne se rendait pas compte qu'à cette heure-là le 4e corps aurait à peine commencé son mouvement d'Olengo sur Trecate et que Canrobert trouverait la route obstruée par les troupes, bagages et convois de ce corps d'armée, sans compter ceux de la garde, couvrant la route entre Trecate et San Martino.

Il eût été plus simple d'envoyer le 4e corps à Magenta, le 3e à Trecate, le 1er à Olengo, puisque c'était la disposition où se trouvaient ces corps d'armée, les uns par rapport aux autres, en allant de l'ouest à l'est.

Retards de l'armée sarde.

La veille (3 juin), l'armée sarde avait atteint Galliate (7 kilomètres à l'est de Novare) avec les 2e et 3e divisions, mais les deux autres (1re et 4e) avaient campé pour la nuit près de Lumelungo (4 kilomètres S.-S.-O. de Novare). Ces dernières ne purent traverser Novare, le 4, que tard, à cause de l'encombrement, et ne dépassèrent pas, ce jour-là, Galliate.

Le roi rassembla, le 4, dans la matinée, les deux divisions de tête près de Galliate, pour y attendre les deux divisions de queue. Celles-ci n'arrivant pas, il fit franchir les ponts de Turbigo aux deux divisions disponibles, à partir de midi et demie. L'une d'elles (division Fanti) suivit le corps Mac-Mahon, de loin, et l'autre resta à Turbigo.

Les ponts de Turbigo.

Le général Lebœuf, commandant de l'artillerie de l'armée, s'était adonné tout spécialement, depuis l'ouverture de la campagne, à la direction de l'équipage de ponts. Le 2 juin, il avait fait jeter, devant Turbigo, trois ponts très rapprochés les uns des autres, mais n'ayant qu'un seul chemin d'accès, celui qui relie Galliate à Turbigo, en sorte que deux ponts sur trois furent inutiles.

Le même fait s'est produit à Metz entre le 8 et le 12 août 1870, quand on a établi des ponts sur la Moselle avant de s'être préoccupé de savoir si des chemins permettaient d'y accéder.

Un des ponts de Turbigo fut replié, le 4 juin, vers 10 heures du matin, et son équipage mis en route, à 11 heures 1/2, sur San-Martino, par Trecate.

La division des grenadiers de la garde va de Trecate sur Buffalora.

Le 4 juin, à 8 heures du matin, la division des grenadiers de la garde quitta Trecate pour aller à Buffalora. Sa tête atteignit le pont de San-Martino vers 10 heures, le franchit, et la colonne continuait paisiblement sa route lorsqu'elle fut accueillie par des coups de canon partant des hauteurs qui dominent, à l'est, le port du Tessin.

La bataille de Magenta débutait par une surprise.

Le corps Mac-Mahon entame son mouvement, en deux colonnes,
de Turbigo sur Buffalora et Magenta.

C'est à 10 heures que le corps Mac-Mahon (2ᵉ) rompit des environs de Turbigo, en 2 colonnes, celle de droite comprenant la division de Lamotterouge et la division Camou (voltigeurs de la garde), sur Buffalora, par Robechetto, Cuggiono et Casate, celle de gauche, formée de la division Espinasse, sur Magenta, par Buscate, Inveruno, Mesero et Marcallo.

Cette division, ayant à parcourir un itinéraire plus long que la précédente, allait se trouver, pendant la marche, en échelon refusé par rapport à celle-ci.

L'empereur fait une excursion à San-Martino.

A 9 heures, l'empereur fit partir pour Trecate quelques aides de camp, des chevaux de selle et son peloton d'escorte.

Vers 9 heures 1/2, il monta en voiture avec les généraux de Martimprey, Fleury, le colonel Waubert de Genlis, et se fit conduire au pont de San-Martino, considéré par lui comme simple but de promenade.

L'armée autrichienne, du 1ᵉʳ au 4 juin.

Avant de tracer à grands traits les événements de la bataille de Magenta, il convient de jeter un coup d'œil sur les opérations de l'armée autrichienne depuis le jour où nous l'avons laissée, le 31 mai au soir, jusqu'au matin du 4 juin.

Le combat de Palestro (31 mai) avait été engagé par quatre brigades

LES FORCES OPPOSÉES, LE 4 JUIN, VERS 10 HEURES DU MATIN

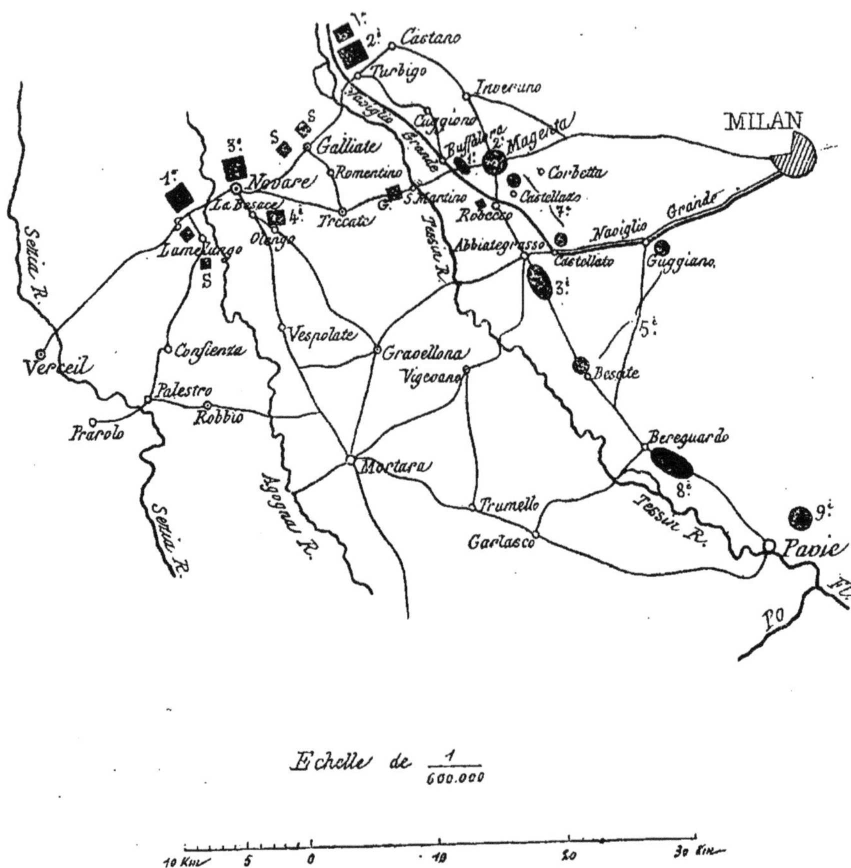

Échelle de $\frac{1}{600.000}$

autrichiennes, dont une en réserve à Robbio, appartenant à une division du 2e corps, dans le temps que l'autre division du 2e corps, à Mortara, et que le 3e corps, réuni à Trumello, attendaient des ordres qui ne vinrent pas.

Le 1er juin, le commandant en chef autrichien renforça les troupes de Robbio avec la division du 2e corps restée, la veille, à Mortara, et concentra aux environs de cette dernière localité le 3e corps ainsi qu'une division du 5e.

Le 8e corps (à Lomello), le 9e (entre Pavie et Plaisance), une division du 7e (à Cozzo, face à Casale) et une division du 5e (à San Nazzaro) conservèrent leurs emplacements des jours précédents.

D'après cette disposition, 3 divisions se trouvaient, le 1er juin, à Robbio, sur la rive droite de l'Agogna, et 3 divisions, à Mortara, sur la rive gauche, face au nord, chacun de ces groupes de divisions étant trop faible pour entreprendre quoi que ce soit.

La division de la réserve de cavalerie fut placée à Vespolate.

Nous avons déjà fait ressortir que l'on aurait pu concentrer, le 1er juin, 5 autres divisions (1 du 6e, 1 du 5e, 2 du 8e et 1 du 9e) près de Mortara et marcher, le lendemain, avec 8 divisions sur Novare.

Une telle résolution, conseillée, dit-on, par le colonel Kuhn (1), chef d'état major, était trop hardie pour un général aussi pusillanime que Gyulai, lequel préféra se retirer avec toute son armée derrière le Tessin.

Les mouvements de retraite durent commencer, le 2 juin au matin, et, pour les couvrir, une division du 3e corps fut envoyée, le soir du 1er juin, de Mortara à Vespolate, où se trouvait la réserve de cavalerie.

Le 2 juin, tout le 3e corps fut réuni à Vespolate, en couverture du mouvement général de retraite.

Ce mouvement dut s'effectuer sur les deux itinéraires :

a) De Mortara à Abbiategrasso, par Vigevano ; b) de Garlasco à Bereguardo, qui, tous les deux prolongés, conduisent à Milan.

Les 2e et 7e corps suivirent l'itinéraire, par Vigevano ;

Les 5e et 8e corps, par Garlasco ;

Le 9e corps dut se concentrer à Pavie.

Un autre corps, le 1er, avait été envoyé, à partir du 22 mai, de Prague, par le chemin de fer, en renfort de la 1re armée autrichienne d'Italie. Dirigé d'abord sur Plaisance, ce corps d'armée fut débarqué à Milan, d'où l'une de ses divisions alla occuper, à la date du 1er juin, Magenta et la tête de pont de San Martino (2).

En apprenant, le soir du 2 juin, la retraite de son armée au-delà du Tessin et l'arrivée des Français à Turbigo, le commandant du 1er corps autrichien, général Clam Gallas, de sa personne à Magenta, fit abandon-

(1) Dans son livre « Magenta », publié en 1902, M. le lieutenant-général von Caemmerer conteste, avec documents à l'appui, la haute valeur militaire que Moltke attribuait au colonel Kuhn, lorsqu'il rédigea en 1861 l'étude historique ayant pour titre « La campagne d'Italie en 1859 ».

(2) Sorte de redoute en terre, construite par les Autrichiens dans le courant du mois de mai, pour interdire l'accès du pont du Tessin à un ennemi venant de l'ouest.

ner par les troupes de sa 1re division la tête de pont de San-Martino et donna l'ordre de faire sauter le pont du Tessin.

La quantité de poudre ayant été insuffisante, ce pont, quoique très affaissé après l'explosion, resta praticable à l'infanterie.

Le 2 juin, après la marche, les colonnes de l'armée autrichienne atteignirent les abords de la rive droite du Tessin, vis-à-vis des deux points de passage qui leur avaient été assignés.

Le lendemain matin, vers 6 heures, le général Hess, délégué de l'empereur d'Autriche, rejoignit, à Bereguardo, le général de Gyulai qui précédait sa colonne du Sud et insista auprès de lui pour que la retraite fût suspendue. Des ordres dans ce sens partirent aussitôt afin d'arrêter les troupes là où elles seraient parvenues.

Quelques heures plus tard, Gyulai apprit que les Français occupaient Turbigo, que le pont de San-Martino était incomplètement détruit, enfin que le 2e corps autrichien, parti la veille de Robbio, avait déjà franchi le Tessin au pont de Vigevano.

Ces circonstances plutôt fâcheuses eurent pour conséquence de faire continuer la retraite de toute l'armée au delà du Tessin.

Elles auraient dû provoquer l'ordre de Gyulai à la 1re division du 1er corps de ne pas accepter un combat sérieux à Magenta et de se retirer, le cas échéant, soit sur Sedriano (route de Milan), soit sur Abbiategrasso auprès de la colonne du nord, dans le but d'éviter une double attaque des Français venant de Turbigo et de San Martino.

Mais le commandant en chef autrichien n'osa prendre sur lui cette détermination qui s'imposait, parce que le 1er corps avait été envoyé à Milan sur l'ordre de l'empereur et qu'il croyait la 1re division de ce corps d'armée à Magenta, en vertu du même ordre.

Dans ces conditions, si l'on ne rappelait pas la division de Magenta sur Abbiategrasso, il fallait la renforcer d'abord et, en cas d'attaque, aller à son secours. Cette division allait donc être pour Gyulai comme le doigt pris dans l'engrenage.

Pendant que la retraite au delà du Tessin se continuait, le 3 juin, dans l'après-midi, on forma le projet, au quartier général autrichien, de concentrer toute l'armée en position, sur deux lignes, à quelques lieues au sud de la route de Magenta à Milan et face à cette route.

Ainsi placée, elle menacerait l'armée française sur son flanc droit et la forcerait à suspendre sa marche sur Milan pour venir l'attaquer.

Or, la présence, subie comme une loi du destin, d'une division du 1er corps à Magenta était incompatible avec l'exécution d'un tel projet.

Le général Gyulai fut ainsi conduit à envoyer des ordres pour que dans la soirée du 3 juin ses corps d'armée occupassent les emplacements ci-dessous :

A Magenta, le 2e corps en entier

A Corbetta (à l'est de Magenta), la division de la réserve de cavalerie.

A Robecco (au sud et près de Magenta), la 1re division du 7e corps.

A Abbiategrasso la 2e division du 7e corps ⎫
et environs,   le 3e corps en entier   ⎬ à 6 kilom. de Magenta.
                  le quartier général de l'armée. ⎭

Près de Besate,   le 5e corps, à 14 kilom. de Magenta.

A Bereguardo et
Binasco,   le 8e corps, à 20 kilom. de Magenta.

A Pavie,   le 9e corps.

D'après ce dispositif, 6 divisions d'infanterie et une division de cavale rie seraient à même de renforcer immédiatement (1) ou dans un temps fort court (2) la division du 1er corps établie à Magenta, dans le cas où elle serait attaquée le 4 au matin.

En outre, les 5e et 8e corps pourraient participer à l'action dans l'après-midi, s'ils étaient mis en marche d'assez bonne heure.

Opérations hypothétiques des Autrichiens, le 3 et le 4 juin.

Admettons par la pensée un Gyulai énergique et sachant la guerre.

Le 3 juin dans la matinée, il sait de la façon la plus positive que des forces ennemies nombreuses sont à Turbigo, que le pont de San-Martino est praticable, en dépit de l'explosion qu'il a subie, mais que les Français ne l'ont pas encore traversé.

Les dispositions pour la journée du 3 sont à peu près celles qu'il a prescrites, avec cette différence que la 1re division du 1er corps reçoit l'ordre de ne pas accepter le combat, de se borner à surveiller l'ennemi,

(1) Avec les 2 divisions du 2e corps.
(2) Avec les 4 divisions des 7e et 3e corps.

conjointement avec la division de cavalerie, et, devant des forces nombreuses, de se retirer sur Sedriano, où elle sera rejointe par la 2ᵉ division du 1ᵉʳ corps dirigée de Milan sur ce point.

Le 4, à la pointe du jour, le 3ᵉ corps vient sur Robecco, le 7ᵉ à Castellazo, le 2ᵉ à Corbetta, pendant que le 5ᵉ marche sur Abbiategrasso, et le 8ᵉ, sur Bestazzo.

L'armée autrichienne présente ainsi, le 4, avant midi, 6 corps d'armée, dont quatre corps en première ligne (1ᵉʳ, 2ᵉ, 7ᵉ, 3ᵉ) et deux en deuxième ligne (5 et 8ᵉ), face au nord, et elle est prête à attaquer les forces que l'ennemi aura poussées au delà du Tessin par les ponts de Turbigo et de San Martino.

Si le passage des Français à San Martino ne commence que le 4 au matin, l'hésitation n'est pas possible. Il faut attaquer parce que l'on a la certitude de n'avoir affaire qu'à une partie de l'armée adverse.

Dans le cas où l'ennemi aurait fait passer de grandes masses, le 3, pendant la nuit du 3 au 4 et le 4 au matin, d'une rive sur l'autre du Tessin, il ne peut plus être question de l'attaquer, mais on attendra son attaque.

Les dispositions que nous venons de prêter au général en chef des Autrichiens sont très simples et relèvent uniquement du bon sens.

Que fût-il advenu de l'armée franco-sarde, si Gyulai les eût exécutées?

La division des grenadiers de la garde française occupe Buffalora sans difficultés puisque l'ennemi se retire, pas à pas, devant elle. A partir de midi, cette division et, un peu plus tard vers une heure, le corps (2ᵉ) Mac-Mahon sont assaillis par des forces autrichiennes très supérieures (3 corps d'armée) dont l'aile droite déborde le 2ᵉ corps français à l'est.

Quand les premiers renforts de l'ennemi arrivent au pont de San Martino, ils le trouvent défendu par le 3ᵉ corps autrichien venu de Robecco.

L'un des corps autrichiens de 2ᵉ ligne a suivi l'attaque des trois corps de 1ʳᵉ ligne, au nord de Buffalora-Magenta, et l'autre s'est porté du côté du 3ᵉ corps, sur San Martino, par les ponts conservés sur le canal.

Pendant que la garde et le 2ᵉ corps français sont mis en échec sur la rive gauche du Tessin, que peuvent les 3ᵉ, 4ᵉ et 1ᵉʳ corps français marchant au canon *en une colonne unique et immense* dont la queue est encore à l'ouest de Novare quand la tête atteint à peine San Martino?

Ces quelques considérations sur des événements imaginaires mais vraisemblables font toucher du doigt, en quelque sorte, l'erreur colossale qu'a commise Napoléon III en voulant que, le 4 juin, après la marche, son armée fût à cheval sur le Tessin, face au sud, *une moitié sur une rive, l'autre moitié sur l'autre*, et ce, en vue de la bataille défensive qu'il a dit plus tard avoir voulu accepter, le lendemain 5 juin, sachant l'armée autrichienne passée tout entière, le 3, sur la rive gauche du Tessin.

X

La bataille de Magenta

Le champ de bataille.

Lorsque l'on vient de Trecate et que l'on marche vers Magenta, on rencontre, à l'entrée du pont sur le Tessin, le hameau de San Martino et, sur le bord opposé, celui de Ponte Nuovo di Buffalora.

De ce second hameau on aperçoit, à 3 kilomètres environ, une ligne de hauteurs parallèles à la rivière et la dominant de 6 à 7 mètres.

Le terrain compris entre le pont du Tessin et les hauteurs de la rive gauche est couvert, marécageux, coupé en outre dans tous les sens par de petits canaux.

Le Naviglio Grande, canal large et profond, est une dérivation du Tessin ; il commence à quelques kilomètres en amont de Turbigo, suit latéralement la rivière, dont il s'écarte progressivement jusqu'à hauteur d'Abbiategrasso qu'il laisse un peu à l'ouest, et là, tourne brusquement à l'est pour se diriger sur Milan. De Buffalora à Robecco, ce canal, creusé dans la partie haute de la rive gauche du Tessin, présente des berges très élevées formant parapet au sommet.

Entre Buffalora et Robecco, sur une étendue de 5 kilomètres, le Naviglio Grande est traversé par 5 ponts : à Buffalora, à Ponte Nuovo di Magenta (grande route), au passage du chemin de fer (400 mètres en aval du précédent), à Ponte Vecchio di Magenta, et à Robecco.

Sur ces 5 ponts, 2 avaient été détruits par les Autrichiens : ceux de Buffalora, de Ponte Vecchio di Magenta, et 3 conservés : à Ponte Nuovo di Magenta (grande route), au passage du chemin de fer, et à Robecco.

Les deux bords du Naviglio Grande sont suivis par de bons chemins passant au-dessus de la route et du chemin de fer.

Buffalora est un hameau à cheval sur le canal et dont les maisons, sauf une, sont sur la hauteur.

Ponte Nuovo di Magenta se compose de 4 fermes bâties, deux par deux, sur chaque rive du canal.

LE CHAMP DE BATAILLE DE MAGENTA

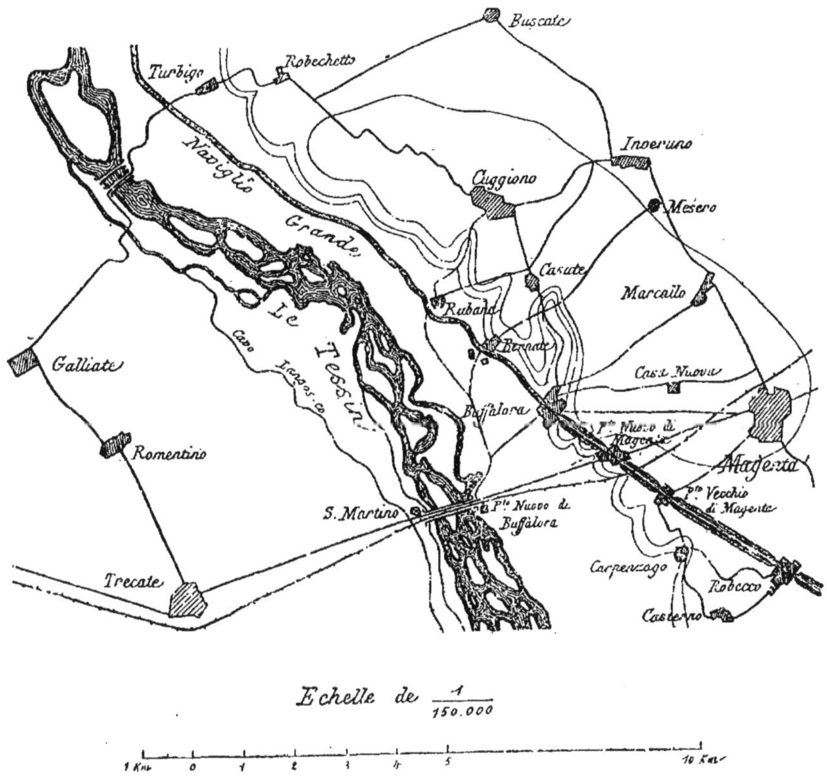

Ponte Vecchio di Magenta est un petit village dont la plupart des
habitations se trouvent à l'est du canal.

Le village de Magenta, grand et bien bâti, constituait pour les Autrichiens un point d'appui important.

La région entre Magenta et Turbigo est parsemée d'arbres, principalement de mûriers, qui interceptent la vue à courte distance et rendent
les mouvements de troupes fort difficiles en dehors des chemins.

La position de défense autrichienne.

Dès l'arrivée du 2ᵉ corps autrichien à Magenta, le général Clam-Gallas,
chef du 1ᵉʳ corps, avait pris le commandement de toutes les forces réunies en ce point (1ʳᵉ division du 1ᵉʳ corps et 2ᵉ corps).

Dans la matinée du 4 juin, une brigade du 1er corps occupa la crête des hauteurs en avant (à l'ouest) du canal, depuis Buffalora (inclus) jusqu'à Ponte Vecchio di Magenta (inclus), pendant qu'une brigade du 2e corps allait à Robecco pour garder le flanc gauche de la position. Il y eut ainsi 4 brigades (3 du 2e corps et 1 du 1er) disponibles à Magenta.

Un bataillon détaché de l'une de ces brigades tenait les avant-postes, face au nord-ouest, sur la ligne Inveruno-Cuggiono-Rubane, qui mesure 4.500 mètres environ et dont le centre est à 5 kilomètres de Magenta.

Premier engagement de la division des grenadiers de la garde.

Aux premiers coups de canon tirés, à 10 heures 1/2, par les batteries autrichiennes en position sur les hauteurs à l'est du pont de San Martino, les bataillons de tête des grenadiers de la garde se déployèrent en tirailleurs et avancèrent vers l'ennemi.

L'empereur, qui venait d'arriver à San Martino, arrêta la 2e brigade en deçà du pont et, n'entendant pas le canon du corps Mac-Mahon, fit rompre le combat à peine engagé, avec ordre à la 1re brigade de se rassembler auprès de Ponte Nuovo di Magenta.

Les Autrichiens, absolument passifs, cessèrent le feu quand ils virent les grenadiers de la garde se retirer vers l'ouest.

Le calme régna ensuite sur cette partie du champ de bataille jusqu'au moment, vers une heure, où le canon venant du nord de Buffalora fit croire à l'empereur que le corps (2e) Mac-Mahon s'engageait à fond.

L'avant-garde de droite du corps Mac-Mahon engage le combat sur Buffalora, puis le rompt.

Le général de Mac-Mahon avait mis en marche, à 10 heures, des abords est de Turbigo, la division de Lamotterouge (colonne de droite) sur le chemin de Cuggiono, et la division Espinasse (colonne de gauche), sur celui de Buscate, la division Camou, des voltigeurs de la garde, devant suivre les troupes de Lamotterouge. Entre 11 heures et midi, les avant-postes autrichiens de Cuggiono furent rejetés vivement sur Casate par les tirailleurs algériens formant avec une batterie l'avant-garde de la colonne de droite.

A midi et demi, la poursuite continuant, la batterie d'avant-garde prit position à la naissance du long ravin qui descend du nord au sud vers Buffalora et ouvrit le feu sur ce village.

Mais le général de Mac-Mahon, depuis midi à Cuggiono, était fort inquiet. Ne voyant rien de l'ennemi à cause de la nature couverte de la région, il se laissa persuader par son chef d'état-major, en observation sur une tour, que les Autrichiens étaient en grand nombre à Casa-Nuova, ferme située à mi-distance de Magenta et de Buffalora.

Le commandant du 2ᵉ corps put donc croire qu'il avait devant lui des forces ennemies très importantes et, comme la division Espinasse ne pouvait guère atteindre Mesero avant deux heures de l'après-midi, la crainte d'aborder les Autrichiens avec la tête de colonne de la seule division de Lamotterouge, ou même de la voir attaquée par eux, fit prendre au général de Mac-Mahon la résolution de rompre le combat, de former en bataille la division Lamotterouge (1ʳᵉ), entre Bernate et Marcello, les voltigeurs de la garde venant se déployer derrière elle en seconde ligne, puis d'attendre, avant de reprendre la marche offensive, que la division Espinasse (2ᵉ) se fût déployée à la gauche de la première.

Déploiement de tout le corps Mac-Mahon avant de reprendre la lutte.

Mais le déploiement du 2ᵉ corps sur un terrain aussi couvert exigeait beaucoup de temps, surtout de la part de la division Espinasse, dont l'itinéraire, jusqu'à Mesero, était plus long de 3 kilomètres que celui de la colonne de droite.

Un peu avant une heure, sur l'ordre qui leur fut envoyé, les tirailleurs algériens, ainsi que la batterie d'avant-garde, se replièrent sur Casate.

C'est à 4 heures 1/2 que le corps (2ᵉ) Mac-Mahon entièrement formé reprit son mouvement interrompu à midi 3/4. Avec les idées actuelles sur la tactique, qui découlent de l'étude de Napoléon, des progrès de l'armement et de la plus grande capacité manœuvrière des troupes, le général de Mac-Mahon n'aurait probablement pas arrêté sa marche ni attendu pour la reprendre que ses divisions eussent été déployées en bataille ; mais, en 1859, l'esprit linéaire régnait encore dans notre armée, et si, dans le courant de la campagne, on a fait usage, sur une vaste échelle, du combat en ordre dispersé, ce furent, le plus souvent, les soldats qui, d'eux-mêmes et malgré leurs chefs, se répandirent en grandes bandes de tirailleurs.

Aujourd'hui, la division qui rencontrerait un ennemi nombreux se déploierait sous la protection de son avant-garde, non en bataille, mais suivant un dispositif articulé lui permettant de renforcer, de prolonger l'avant-garde et de donner progressivement au combat toute son intensité, grâce à la capacité de résistance des premiers éléments déployés.

Or, à l'armée d'Italie, on croyait, avant Magenta et Solférino, que tout combat devait durer peu et qu'il fallait en conséquence ne l'entamer qu'avec tous ses moyens réunis. La guerre d'Afrique avait montré en effet qu'après une fusillade vive et courte exécutée à faible distance de l'ennemi afin de l'ébranler, le meilleur moyen de vaincre consistait à foncer sur lui, au pas de course, les baïonnettes hautes.

En outre, le terrain couvert qui s'étendait au nord de la ligne Magenta-Buffalora limitait la vue à tel point qu'il semblait qu'une rencontre avec l'ennemi ne pût se produire qu'à très courte distance et dût revêtir, par suite, la forme immédiatement décisive.

Le général de Mac-Mahon attacha une telle valeur à ces considérations qu'elles furent la cause de son arrêt pendant plus de trois heures. On ne peut douter, toutefois, que si le commandant du 2e corps n'eût pas suspendu la marche de sa colonne de droite, à midi 1/2, celle-ci se serait emparée de Buffalora entre 1 heure et 1 heure 1/2, aurait pris en flanc les défenseurs du canal, puis, de concert avec les grenadiers de la garde, se serait avancée, de l'est à l'ouest, vers Magenta, pendant que la division Espinasse se serait portée, du nord au sud, sur ce village.

Le long arrêt employé par le 2e corps pour opérer son déploiement a été dicté, en définitive, par des idées de prudence extrême, ne tenant pas assez compte de la supériorité de l'infanterie française sur l'infanterie autrichienne, surtout dans un terrain où toute direction d'ensemble était presque impossible et où le succès devait dépendre de la valeur des petites unités, voire même, des soldats pris individuellement.

On va voir que le retard du 2e corps a failli amener pour l'armée française une catastrophe, laquelle se serait produite sûrement si, à la place des grenadiers et des zouaves de la garde, se fût trouvée une division moins bien composée.

Deuxième engagement des grenadiers, puis des zouaves de la garde (1),
et arrivée de la brigade Picard (3e corps).

A midi et demi, l'empereur, qui est au débouché est du Pont du Tessin, croit, d'après le bruit du canon au nord de Buffalora, que le corps (2e) Mac-Mahon s'engage

C'est le moment, pense-t-il, de procéder à l'attaque directe. Ordre est donné en conséquence au général Mellinet de s'emparer de Buffalora et de Ponte-Nuovo di Magenta.

Le 2e grenadiers marche aussitôt sur la première de ces localités, le 3e sur la seconde. Le 1er fait face au sud, et les zouaves restent près du pont, en réserve.

A 2 heures, le 3e grenadiers, que les zouaves sont venus renforcer, a refoulé l'adversaire au delà des ponts du canal et s'est emparé de la douane de Ponte Nuovo di Magenta, au prix de fortes pertes et grâce à des prodiges de valeur.

Un peu plus tard, le 2e grenadiers, après avoir occupé la partie de Buffalora située à l'ouest du canal, rétablit tant bien que mal le pont en bois de cette localité et s'empare de la partie est du village (2). Entre 2 et 3 heures, la brigade Picard (3e corps), partie de Novare à 11 heures du matin, franchit le pont du Tessin et relève le 1er grenadiers sur sa position face au sud, ce qui permet à ce régiment de s'engager au delà des ponts fixes du canal à la suite du 3e et des zouaves. Vers 4 heures, une attaque de ces trois régiments de la garde, dirigée par le général Cler (3), au delà du canal, vers Magenta, vient se briser contre une puissante contre-attaque des Autrichiens, mais ceux-ci, bien que très supérieurs en nombre, sont contenus devant les ponts du canal qu'ils ne peuvent franchir.

A ce moment, une batterie de la garde, parvenue malgré de grandes difficultés à traverser le pont du Tessin et à pousser une section au-delà du pont de la route sur le canal, voit une de ses pièces enlevée par l'ennemi.

(1) La division des grenadiers de la garde se composait de 3 régiments de grenadiers et du régiment des zouaves de la garde.

(2) Le commandant de Maud'huy, prêchant d'exemple, s'élança le premier sur la passerelle improvisée avec les débris du pont détruit, mais une balle mortelle ne lui permit pas d'atteindre le bord opposé.

Son fils, chef de bataillon de chasseurs, professe actuellement le cours de tactique d'infanterie à l'École supérieure de guerre.

(3) Le général Cler fut tué pendant cette attaque.

Situation critique aux ponts du canal et vers Ponte-Vecchio.

La situation fut alors très critique, et c'est miracle que grenadiers et zouaves aient pu se maintenir derrière la berge ouest du canal, aux abords des deux ponts de la route et du chemin de fer.

Un peu après 2 heures, Napoléon III, qui s'était avancé, sur ces entrefaites, jusqu'au pied des hauteurs par la route de Milan, envoya des aides-de-camp au général Niel, à Trecate, et au maréchal Canrobert, en marche de Novare sur Magenta, pour les appeler au combat.

Il agit de même à l'égard du roi et du général de **Mac-Mahon**, en les faisant prier d'activer leur entrée en action vers Buffalora et Magenta. Revenu, sur les instances de son entourage, à San-Martino, un peu après 4 heures, l'empereur crut la bataille très compromise, sinon perdue, et donna tous les signes d'une grande perplexité.

Le danger était en effet des plus graves, moins encore à Buffalora et aux deux ponts intacts du canal qu'au sud de la grande route entre le ruisseau qui va se jeter dans le Tessin à Buffalora et la parcelle de Ponte Vecchio di Magenta située à l'ouest du canal.

De ce côté, de grandes masses autrichiennes étaient en mouvement, de Robecco, et menaçaient d'attaquer, en flanc et à revers, les troupes françaises qui avaient franchi le Tessin au pont de San-Martino.

On ne put leur opposer, tout d'abord, que la brigade Picard (3⁰ corps), diminuée de deux bataillons mis à la disposition du général Mellinet.

Cette brigade parvint, non seulement à contenir les efforts de trois brigades autrichiennes, dont une composée d'Italiens, mais encore à s'emparer de la parcelle de Ponte Vecchio di Magenta qui borde le canal sur sa rive ouest.

Elle avait auprès d'elle, pour l'exciter à bien faire, le maréchal Canrobert précédant de loin le gros de son corps d'armée.

La division Vinoy (4⁰ corps) atteint le champ de bataille.

Vers 5 heures, le général Niel, à la tête la division Vinoy, passa le pont du Tessin, envoya 3 bataillons vers le sud en renfort de la brigade Picard, continua avec le reste sur la route et apporta un secours très efficace aux grenadiers, zouaves et fantassins de la ligne engagés aux ponts du canal. Grâce à cet appui, les grenadiers, les zouaves, ainsi que les 2 bataillons de ligne accrochés au canal près des ponts, purent franchir l'obstacle et gagner du terrain.

Dès lors, pendant qu'une brigade de la division Vinoy contribuait à refouler l'ennemi sur Magenta, l'autre brigade fut portée vers Ponte Vecchio, par la rive est du canal, afin de dégager le flanc droit de la division Mellinet et de venir en aide, indirectement, à la brigade Picard.

La brigade Janin (3ᵉ corps) renforce la brigade Picard.

Vers 6 heures du soir, la brigade Janin (3ᵉ corps) franchit le pont du Tessin et alla se joindre à la brigade Picard.

De ce côté, l'ennemi fut repoussé peu à peu sur Robecco. Pour protéger leur retraite, les Autrichiens firent charger un régiment de hussards au moment où la brigade Picard venait de dépasser vers le sud la partie ouest de Ponte Vecchio. Cette charge très brillante faillit enlever le maréchal Canrobert qui fut entouré et ne dut la vie qu'à la vitesse de son cheval.

Le combat prit fin, sur cette partie du champ de bataille, vers 7 heures 1/2.

Reprise du combat par le corps Mac-Mahon et enlèvement du village de Magenta.

Revenons au 2ᵉ corps, commandé par le général de Mac-Mahon. Le déploiement des trois divisions, deux en première ligne, une en seconde ligne, sur le front Bernate-Marcallo, commencé vers une heure, ne fut terminé qu'après 4 heures, et le mouvement en avant reprit vers 4 heures 1/2.

La division de Lamotterouge rencontra une brigade autrichienne en position près de Casa Nuova et la mit en déroute. Entre temps, on avait constaté l'occupation de Buffalora par le 2ᵉ grenadiers de la garde. La division de droite du 2ᵉ corps porta dès lors ses efforts du côté de Magenta et se lia bientôt à l'aile gauche de la division Vinoy (4ᵉ corps) qui avait relevé les grenadiers et les zouaves totalement épuisés.

Dans le même temps, la division Espinasse livrait combat, au sud de Marcallo, à une brigade autrichienne qu'elle contraignit rapidement à battre en retraite.

Entre 6 et 7 heures, Magenta, qu'occupaient quelques milliers d'Autrichiens, fut attaqué, au nord, par la division Espinasse, au nord-ouest, par la brigade de gauche de la division Vinoy.

Le village fut enlevé vers 7 heures, mais le combat continua encore quelque temps à l'intérieur, par suite de la défense acharnée que firent les Autrichiens embusqués dans un certain nombre de maisons et de fermes dont il fallut s'emparer une à une.

Ce dernier épisode·de la lutte entraîna la mort de l'intrépide général Espinasse (1).

Il n'y eut pas de poursuite.

La journée du lendemain, 5 juin, fut employée à enterrer les morts et à évacuer les blessés sur Novare. Ce jour-là, aucune troupe de cavalerie ne fut lancée sur les traces des Autrichiens en retraite. Toutefois, le service d'espionnage fit connaître que ceux-ci se retiraient vers le sud et le sud-est.

Le 16 juin, tout contact avec l'ennemi étant perdu depuis la soirée du 4, le 2e corps alla camper à 10 ou 12 kilomètres de Magenta, sur la route de Milan, et le 3e ainsi que le 4e corps exécutèrent une étape de même étendue vers le sud, en partant, l'un du terrain à l'ouest de Ponte Vecchio di Magenta (2), l'autre du terrain à l'est de Ponte Nuovo di Magenta (2), pour aboutir à Abbiategrasso (3) (3e corps) et à Castelletto (3) (4e corps).

Le 7 juin, le 2e corps vint à Milan pendant que le 3e et le 4e corps s'en rapprochaient après avoir changé de direction à l'est.

Le 8 juin, Napoléon III et Victor-Emmanuel firent leur entrée dans la capitale lombarde, salués par les acclamations d'une foule en délire et affirmant à la face du monde le succès de la manœuvre de Magenta.

La bataille, du côté autrichien.

La bataille de Magenta, du côté autrichien, fut une suite presque ininterrompue d'erreurs de commandement et d'insuccès dus à la mollesse des troupes.

(1) Le fils du général Espinasse est aujourd'hui colonel du 3e zouaves
(2) Cette localité figure sur le croquis de la page 83.
(3) Cette localité figure sur le croquis de la page 76.

La faute capitale, nous l'avons déjà dit, avait consisté de la part du général en chef à laisser, le 3 juin, la 1re division du 1er corps à Magenta, par crainte d'aller à l'encontre des intentions du souverain.

Cette division étant exposée à subir deux attaques, l'une venant de Turbigo, l'autre de Trecate, il convenait de la renforcer et de la soutenir : c'est ce que l'on fit.

A midi, le général Clam Gallas envoya prévenir le général Gyulai, à Abbiategrasso (1), qu'il était fortement engagé sur le Naviglio Grande et que des forces nombreuses le menaçaient au nord.

Le 3e corps, réuni à Abbiategrassso et aux environs, fut mis en marche, à 1 heure 1/2 seulement, sur Robecco, et le 7e corps eut l'ordre, à la même heure, d'envoyer sa 1re division de Castellazo à Magenta, et sa 2e, de Castelletto (1) à Corbetta (1), en flanc défensif d'aile droite.

Enfin, les 5e et 8e corps, qui se trouvaient, l'un à 20 kilomètres, l'autre à 40 kilomètres de Magenta, reçurent, entre 3 et 5 heures, des instructions pour se diriger vers le champ de bataille qu'ils ne purent d'ailleurs atteindre le jour même.

Sur les 6 brigades dont disposait le général Clam Gallas à Magenta, une occupait depuis la veille la hauteur à l'ouest des deux ponts conservés du canal, et une autre, Robecco.

Dès le début du combat, une troisième brigade fut envoyée à Ponte Vecchio di Magenta (rive est du canal), une quatrième, à Buffalora, et une cinquième, derrière la précédente, à Casa-Nuova. Il ne resta donc plus qu'une brigade en réserve, à Magenta.

On voit combien les forces autrichiennes étaient éparpillées, puisque, sur 6 brigades, 2 seulement, l'une à Buffalora, l'autre devant les ponts conservés du canal, furent à même de répondre aux attaques de la division Mellinet.

Le général Gyulai vint à Magenta vers 2 heures, et, de là, courut à Robecco pour examiner le terrain sur lequel le 3e corps pourrait exécuter, à l'ouest et le long du canal, une attaque dans le flanc droit des Français.

Lorsque la première division du 7e corps, dirigée sur Magenta, eut traversé en partie ce village, sa brigade de tête se déploya et marcha à l'attaque des ponts conservés du canal, que grenadiers et zouaves

(1) Cette localité figure sur le croquis de la page 76.

avaient franchis. Cette attaque réussit à chasser les Français de la rive est du canal, mais ne put pousser au-delà des ponts.

La 2ᵉ brigade de la même division fut conduite à l'attaque de Buffalora et ne réussit pas à en chasser le 2ᵉ grenadiers, qui s'en était emparé.

Le commandant du 3ᵉ corps, qui de sa personne avait précédé ses troupes à Robecco, trouva en ce point la brigade du 2ᵉ corps que le général Clam Gallas y avait postée. Il crut bien faire en la portant, par la rive ouest du canal, à la rencontre des troupes françaises (brigade Picard) alors en position, face au sud, entre le chemin de fer et la parcelle ouest de Ponte Vecchio di Magenta.

Cette brigade autrichienne se composait exceptionnellement d'Italiens qui se souciaient fort peu de combattre les Français ; ils lâchèrent pied, dès les premiers coups de fusil, et s'enfuirent.

Quand, vers 4 heures, le 3ᵉ corps atteignit Robecco, son chef conduisit la brigade de tête, par l'ouest du canal, contre la parcelle ouest de Ponte Vecchio di Magenta, que les Français (brigade Picard) venaient d'occuper

La brigade suivante dut s'avancer sur Ponte Vecchio, par la rive est du canal. Enfin, la 3ᵉ brigade eut l'ordre de prolonger la 1ʳᵉ à gauche, et la 4ᵉ brigade fut destinée à former réserve derrière la 3ᵉ brigade.

Mais l'attaque de la 1ʳᵉ brigade se produisit bien avant celle de la 3ᵉ en sorte que la brigade française Picard put repousser ces deux attaques, l'une après l'autre ; quant à la 4ᵉ brigade autrichienne, elle ne fut pas engagée.

Contre les Français venant du nord (corps Mac-Mahon), on ne disposa que de deux brigades, l'une venue à Casa Nuova en soutien de la brigade menée à l'attaque de Buffalora, brigade qui se débanda après son insuccès, l'autre, en réserve à Magenta, que l'on envoya, vers 3 heures, à Marcallo.

Ces deux brigades furent rejetées, entre 5 et 6 heures du soir, sur Magenta dans un grand désordre, et leurs débris, joints à d'autres provenant des combats à l'ouest, assurèrent, tant bien que mal, la défense de ce village.

La division du 7ᵉ corps, postée à Corbetta, se garda bien d'intervenir dans la lutte ; il en fut de même de la division de cavalerie établie, elle aussi, près de cette localité.

Le soir de la bataille, la 1ʳᵉ division du 1ᵉʳ corps, le 2ᵉ et le 7ᵉ corps se rassemblèrent autour de Corbetta, le 3ᵉ corps, à Carpenzago et Robecco, et le 5ᵉ corps atteignit Abbiategrasso.

Si, comme il le pouvait, Gyulai eût donné l'ordre, à midi 1/2, au 7ᵉ corps de marcher en entier sur Magenta et au 3ᵉ corps sur Robecco, la bataille de Magenta serait devenue vraisemblablement une victoire autrichienne.

En retardant d'une heure et demie l'envoi de ces ordres et en plaçant toute une division en flanc défensif d'aile droite à Corbetta, le général autrichien a perdu l'occasion qui s'offrait à lui de surprendre l'armée française en flagrant délit de dispersion sur les deux rives du Tessin.

L'application poussée jusqu'à l'absurde du princpe de la sûreté, la rigidité des formations de combat, l'absence d'initiative aux divers degrés de la hiérarchie, la mollesse des troupes, enfin et surtout, un commandement supérieur pusillanime ont été la cause déterminante de la défaite des Autrichiens.

La retraite commença, le lendemain de la bataille, en deux colonnes, sur Pavie (5ᵉ et 3ᵉ corps) et sur Lodi (7ᵉ, 2ᵉ et 3ᵉ corps plus les débris de la 1ʳᵉ division du 1ᵉʳ corps) sous la protection du 5ᵉ corps (arrière-garde à Abbiategrasso), du 3ᵉ corps (arrière-garde à Caggiano) et de la division de réserve de cavalerie (à Guido Gamberado), en laissant libre la route de Novare à Milan.

Le 6 juin, le mouvement de recul dans la direction de l'Adda inférieure fut continué, mais en trois colonnes au lieu de deux.

Le 7, la colonne du nord, composée du 8ᵉ corps, atteignit Lodi et laissa une brigade d'arrière-garde à Melegnano, où devait s'engager, le lendemain, un combat des plus meurtriers.

*La psychologie de l'armée française, depuis le début de la campagne
jusqu'à la bataille de Magenta.*

Jamais, peut-être, troupes en campagne offrirent au même degré les qualités d'entrain et de bonne humeur, qui, jointes à une insouciance sans bornes, donnèrent à l'armée française de 1859, jusqu'à la bataille de Magenta, une physionomie à part, un caractère charmant mais singulier.

Depuis le succès surprenant de Montebello, les Français tenaient les Autrichiens pour des soldats d'opéra-comique.

D'autre part, l'enthousiasme de la population italienne à l'égard de ses libérateurs dépassait les bornes de l'exubérance la plus exaltée, et puis, les belles filles de toutes conditions, à Gênes, Turin, Alexandrie, Casale, Verceil et Novare, avaient eu de si gracieux sourires pour les Français, leur avaient jeté tant de fleurs qu'elles les avaient en quelque sorte ensorcelés.

Le jour de Magenta, quand le commandant de la garde traversa le pont de San Martino, vers 11 heures, les officiers de son état-major étaient fleuris des pieds à la tête et causaient entre eux bruyamment ; alors le général Régnaud de Saint-Jean d'Angely, se retournant, droit sur ses étriers, leur cria :

« Silence, Messieurs... et puis, retirez ces fleurs (1) ! »

Au moment où, vers 10 heures 1/2 du matin, le général de Mac-Mahon marchant sur Cuggiono entendit les premiers coups de canon des Autrichiens dans la direction de Buffalora, les officiers de son état-major manifestaient une gaieté si folle qu'il dut leur dire :

« Voyons, Messieurs, du sérieux !... Entendez-vous le canon (1) ? »

Jugement porté par Moltke sur la valeur des combattants.

Dans son livre publié en 1862 sur la campagne de 1859, Moltke a porté un jugement impartial sur la valeur des combattants au cours de la bataille de Magenta. On va en juger par l'extrait suivant :

« La nature spéciale du terrain exigeait des engagements partiels et « isolés pendant toute la durée de l'action.

« Les Autrichiens n'étant pas habitués à un tel isolement, la direction « du combat par les officiers fut très difficile, pour ne pas dire impos- « sible...

« L'armée française, au contraire, se montra très supérieure par l'éner- « gie et la persévérance de son infanterie, par la sagacité et l'indépen- « dance du soldat.

« Des bataillons entiers en tirailleurs produisirent, par leur feu sur les « colonnes autrichiennes, des effets remarquables.

(1) *Le Maréchal Canrobert,* par M. Germain Bapst.

« Les soldats savaient utiliser habilement les accidents du sol pour
« se couvrir et se montrèrent d'autant plus lestes qu'ils avaient déposé
« leurs sacs au moment de combattre.

« Bien que les troupes fussent éparpillées et que beaucoup d'hommes
« eussent perdu de vue leur drapeau, chaque combattant était animé du
« désir de prendre une part active à l'action.....

« La décision fut obtenue par la ténacité du fantassin français bon
« marcheur, indépendant et libre dans son action individuelle. »

*Influence des ordres impériaux du 2, du 3 et du 4 juin
sur les péripéties de la lutte.*

Quelle influence ont exercée sur les péripéties de la bataille de Magenta
les ordres impériaux donnés le 2, le 3 et le 4 juin au matin ?

Se conformant, bien qu'un peu tard, à la recommandation contenue
dans le projet d'opérations du général Jomini, l'empereur avait eu, les
30 et 31 mai, ainsi que les 1er et 2 juin, une flanc-garde composée de
l'armée sarde et du 3e corps, à Palestro.

Il fallait continuer à se couvrir, le 3 et le 4 juin, contre les Autrichiens
signalés au sud des routes de marche suivies par l'armée. Le 3e corps était
tout indiqué dans ce but, puisqu'il se trouvait encore, le 2 juin, à Palestro.

On savait, depuis le 2 après-midi, que l'ennemi était en pleine retraite
vers le Tessin et l'on avait acquis la certitude, le 3 au soir, de son passage d'une rive sur l'autre de cette rivière.

Une bataille de rencontre, si elle avait lieu le 4 juin, ne pouvait donc
se produire que sur le terrain à l'est du Tessin.

Dans cet ordre d'idées, on aurait dû assurer l'exécution des mouvements ci-dessous :

Le 3e corps marche, le 4 juin, de Gravellona sur Abbiategrasso, et,
s'il ne peut franchir le Tessin, sa présence sur la rivière attire à lui des
forces ennemies nombreuses.

La garde réunie et non morcelée a porté, le 3, une division d'avant-
garde sur le Naviglio Grande, afin d'ouvrir pour le lendemain le débouché du pont de San Martino à la colonne de droite composée de la garde,
des 4e et 1er corps.

Cette avant-garde se fût battue, le 3, contre la 1re division du 1er corps
autrichien et l'eût refoulée sur Magenta.

Le 3, la colonne de gauche, formée du 2ᵉ corps et de l'armée sarde, a une division d'avant-garde près de Turbigo.

Le 4 juin, le passage du Tessin par les deux colonnes principales de l'armée commence à 4 heures du matin, mais les bagages et convois sont réunis à la queue de chacune de ces deux colonnes, de manière que, le jour même, tous les éléments de combat puissent franchir le Tessin

Il suffisait pour cela que, dans la matinée du 3 juin, deux ponts de bateaux fussent construits, l'un près de San Martino, l'autre en face de Turbigo.

L'ennemi marche-t-il, le 4, du sud au nord par le terrain de la rive gauche du Tessin ? Le 3ᵉ corps retient devant lui des forces au moins égales, pendant que la garde et, successivement, les 4ᵉ et 1ᵉʳ corps passent le pont de San Martino, se déploient, face au sud, par le mouvement de « sur la droite en ligne », et plus tard sont prolongés, à gauche, par le 2ᵉ corps, peut-être même par les Sardes venant du nord.

Le projet que l'empereur s'est efforcé de mettre à exécution, le 4 juin, et qui consistait à disposer l'armée franco-sarde en bataille, face au sud et par moitié sur chaque rive du Tessin, sans une masse de couverture, avant même de s'être rendu maître du débouché de San Martino, ce projet mort-né excite aujourd'hui l'étonnement.

La division de grenadiers de la garde ayant l'ordre de se porter, le 4, de Trecate à Buffalora, il eût été logique de pousser, ce jour-là, le 4ᵉ corps d'Olengo sur San Martino, le 3ᵉ, de Novare à Trecate et le 1ᵉʳ, de Lumelungo, par Novare, à Olengo. Mais ordonner au 3ᵉ corps d'aller à Magenta, en partant de Novare à 11 heures, tandis que le 4ᵉ corps quitterait Olengo à 10 heures, c'était faire preuve de l'ignorance la plus absolue des conditions d'écoulement du 4ᵉ corps suivi de ses bagages et convois sur la route de Milan, commune à ce corps d'armée et au 3ᵉ corps, sans compter le 1ᵉʳ.

En prescrivant au 3ᵉ corps de dépasser le 4ᵉ au delà de Trecate, on le condamnait à n'atteindre San Martino que très tard dans la soirée, au prix de fatigues extraordinaires.

Une brigade du 3ᵉ corps, partant à 9 heures du matin, avait à se rendre de Novare à Turbigo pour y garder les ponts après le passage de l'armée sarde. Cette brigade aurait dû recevoir un contre-ordre puisque l'on voulait replier et transporter les ponts de Turbigo à San Martino et qu'en outre le 3e corps ne devait plus passer le Tessin à Turbigo, mais bien, à San Martino.

Le général Picard désigné pour cette mission se laissa fort heureusement persuader que la route directe de Novare aux ponts de Turbigo était encombrée par l'armée sarde et qu'il atteindrait plus facilement son objectif en passant par Trecate.

Sa brigade ne put démarrer qu'à 11 heures, et encore dut-elle côtoyer sur la route les bagages et convois du 4° corps.

Enfin elle parvint, après mille difficultés, à Trecate, et là, un aide de camp, envoyé par l'empereur pour demander des renforts, obtint du général Picard qu'il marchât sans désemparer sur San Martino. La brigade commença de franchir le pont vers 2 heures ; on connaît la suite.

Le gros du 3° corps ne put entamer la marche qu'à 1 heure, derrière les impédimenta du 4° corps.

Son chef, le maréchal Canrobert, prit les devants avec son état-major et atteignit San Martino vers 4 heures. Il s'approcha de l'empereur, alors sur la rive gauche près du pont, et reçut de lui ce compliment plutôt frais : « Comme vous arrivez tard ! » ; à quoi le maréchal répondit, du tac au tac : « Si V. M. m'avait laissé partir ce matin, comme je le lui demandais, je serais depuis longtemps ici (1). »

Plus tard, comme on l'a déjà dit, arriva le général Niel précédant la division Vinoy, puis ce fut la brigade Janin (3° corps).

Les autres divisions du 3° et du 4° corps rallièrent les abords du champ de bataille pendant la nuit.

Quant au 1er corps, il ne put que se porter, et encore avec peine, des environs de Lumelungo à Olengo, conformément aux dispositions de l'ordre général reçu dans la matinée.

Quelle direction l'empereur a-t-il imprimée à la bataille?

La direction imprimée par l'empereur à la bataille de Magenta comme général en chef se résume en deux ordres, l'un donné vers 11 heures, pour rompre le combat à peine engagé par la division des grenadiers de la garde, l'autre, vers une heure, pour le reprendre.

Le premier ordre était judicieux, le second ne le fut pas.

(1) *Le Maréchal Canrobert*, par M. Germain Bapst.

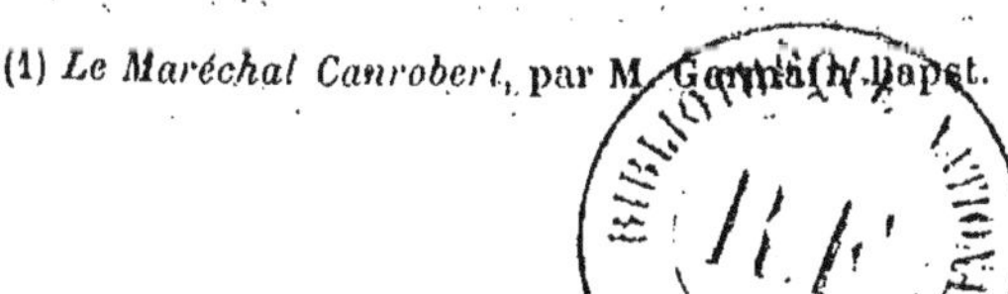

L'ennemi étant en position avec une nombreuse artillerie sur les hauteurs à l'est du pont de San Martino, la division Mellinet, en raison de sa faiblesse numérique (8.000 hommes), ne pouvait être que l'avant-garde des 3e, 4e et 1er corps.

Est-on en droit d'engager à fond une avant-garde lorsque le gros se trouve encore loin et ne pourra intervenir qu'après un temps fort long ?

Poser la question, c'est y répondre.

Si la division des grenadiers avait mené un combat traînant pour fixer l'ennemi, en attendant les secours qu'elle était certaine d'obtenir, c'eût été bien. Mais les troupes françaises de cette époque ne connaissaient que deux formes de combat : l'attaque brusquée, la défense d'une position.

Voilà ce que Napoléon III ignorait. La reprise du combat devait donc amener l'attaque à fond de l'ennemi, en l'absence de toute réserve.

Ce qui devait arriver se produisit.

Après un coup de force admirable, grenadiers et zouaves furent rejetés à l'ouest du canal par une contre-attaque autrichienne et s'ils n'eussent reçu le secours providentiel de 2 bataillons frais appartenant à la brigade Picard, c'en était fait d'eux.

Les efforts d'énergie, accompagnés de pertes immenses, qu'ont déployés, ce jour-là, les grenadiers et les zouaves de la garde donnent une très haute idée de la valeur de ces soldats d'élite.

Napoléon III pendant et après la bataille.

Quelle fut l'attitude de l'empereur en cette journée de Magenta, lorsque de l'issue de la lutte pouvait dépendre pour lui la conservation ou la perte du trône ?

D'après un certain nombre de documents publiés par M. Germain Bapst, le chef des armées alliées aurait montré, au cours de la bataille, un accablement frisant l'inconscience et se serait comporté en simple comparse.

D'autre part, M. le général de division baron de Verdière, du cadre de réserve, nous a donné l'assurance que Napoléon III, bien que fort peu militaire, conserva son sang-froid et n'offrit à aucun moment de l'action les apparences d'une démoralisation voisine de l'hébétement.

Or, cet officier général, capitaine d'état major en 1859, remplissait à cette époque les fonctions d'aide de camp auprès du général Fleury et a pu observer l'empereur de très près durant l'après-midi du 4 juin.

Nous en concluons que les témoins occasionnels de la perplexité indéniable où s'est trouvé le généralissime entre 2 heures et 8 heures du soir ont exagéré son abattement.

Quoi qu'il en soit, passons aux faits.

Lors de la reprise du combat à l'est du Tessin, un peu après une heure, l'empereur était encore à San Martino.

A une heure et demie, le général Lebœuf, arrivant de Turbigo par Trécate, rendit compte qu'il ne savait rien du corps Mac-Mahon depuis 9 heures 1/2 du matin et qu'à 11 heures 1/2 pas un Sarde n'avait franchi les ponts de Turbigo.

Vers 2 heures, Napoléon III envoie un officier au devant du maréchal Canrobert pour presser la marche du 3º corps.

L'officier objecte que le corps Niel (4º) est plus rapproché.

« Allez au maréchal Canrobert, » réplique l'empereur, et, quelques instants plus tard, il fait partir un officier avec ordre d'amener le 4º corps (1).

Ensuite il se porte vers le Naviglio Grande et s'arrête non loin du pied des pentes, sur le bord de la route, à l'ombre d'un bouquet d'arbres.

Des demandes de secours ne tardent pas à lui arriver. A chacun des officiers qu'envoie le général Regnaud de St-Jean-d'Angély l'empereur répond : « Je n'ai personne (1). »

Son regard est constamment fixé dans la direction où le canon du 2º corps s'est fait entendre un peu après midi, et, aux officiers qui rentrent de mission, il adresse cette question, toujours la même : « Et Mac-Mahon (1)? »

Vers 4 heures, lors de la contre-attaque autrichienne, des balles nombreuses vinrent s'enfoncer dans le sol près de l'empereur. Alors, ses officiers d'ordonnance l'entraînèrent doucement vers le pont du Tessin.

Au même moment, la batterie de la garde, qui avait poussé deux de ses pièces sur la route au-delà du canal et perdu l'une d'elles, fut soumise à la fusillade et ne tarda pas à rétrograder vers le pont du Tessin, *au trot*, avec un grand bruit de ferraille.

Ce mouvement de recul ressemblait beaucoup à une fuite; aussi les officiers de l'entourage de l'empereur firent-ils tous leurs efforts pour

(1) *Le Maréchal Canrobert*, par M. Germain Bapst.

arrêter la batterie, laquelle laissa enfin prendre à l'empereur, marchant au pas, une certaine avance (1).

A l'entrée du pont, rive gauche, le souverain marque un temps d'arrêt; puis le général Fleury l'entraîne jusqu'à San Martino et obtient qu'il mette pied à terre derrière une briqueterie. A la nuit tombante, la canonnade ayant cessé, l'empereur entre dans la petite maison blanche de San Martino.

Le maréchal Vaillant, qui était resté à Novare avec les officiers de l'état-major général, arrive en voiture au même moment; il n'avait eu connaissance de la bataille qu'après six heures du soir.

Le commandant Schmitz parti vers 3 heures à la recherche du 2º corps est de retour, à 8 heures, après une course fantastique, et il crie : « C'est une grande victoire! »

L'empereur n'y croit pas.

Un quart d'heure après, le colonel de Toulonjon apporte au souverain le rapport du général de Mac-Mahon et, avant de le lui remettre, il en cite, de mémoire, la dernière phrase : « La bataille de Magenta comptera « parmi les plus glorieuses qu'ait remportées l'armée française. »

Cette fois Napoléon III est convaincu.

---

(1) L'incident tel que nous l'exposons nous a été raconté par M. le général baron de Verdière, qui se trouvait auprès de l'empereur.

A la suite de la publication de la présente étude dans la *Revue des Idées*, M. Germain Bapst nous a fait observer que la version d'après laquelle l'empereur avait regagné le pont de San Martino, à l'allure du pas, est en désaccord avec les trois témoignages suivants, que l'impartialité nous fait un devoir de reproduire :

1º *Extrait des mémoires du général Fleury.*

S. M. venait, au pas de son cheval, dans la direction du canal. « Sire, lui dis-je, à « mi-voix, veuillez retourner (en arrière) et prendre le trot, pour gagner du terrain. » Je lui expliquai la nécessité de laisser une assez grande distance entre lui et les artilleurs, afin de ne pas être surpris par cette avalanche.

2º *Extrait d'une lettre du général Frossard à sa femme (6 juin).*

L'empereur est revenu assez prestement (au pont de San Martino) avec ses aides de camp et son escorte.

3º *Récit verbal du général Peaucellier, recueilli par M. Germain Bapst.*

Sur la route s'élève une grande poussière. L'empereur retourne, au pas, dans la direction de San Martino, sur l'avis du général Fleury.

Le général Frossard crie alors : « Ah ça, mais on a donc peur des balles ! »

Le flot de poussière se rapproche et on entend un grand bruit de ferraille.

Le général Fleury fait prendre le trot et, de son côté, part au galop au devant de l'artillerie déjà presque sur les talons de l'empereur, commande : Halte, et parvient à arrêter cette colonne de voitures.

Au même moment, les chevaux de l'empereur et de son groupe, surpris par cette cohue qui leur arrive sur le dos, prennent peur, allongent le trot et prennent le galop.

« C'est une fuite, c'est honteux, je vais prendre la direction, crie le général Frossard », et il galope à hauteur de l'empereur pour le prier de s'arrêter ; on est près du Tessin.

Il prend des mains du colonel le rapport du général de Mac-Mahon, le pose sur les cartes (1) et avec un crayon écrit dessus : « *Rapport Mac-* « *Mahon. Je ne l'ai pas lu* (!). » Puis avec le même crayon il écrit sur un bout de papier :

« L'empereur à l'impératrice,

« Pont de Magenta.

« Une grande victoire, *mais chèrement achetée*. Cinq mille prisonniers « et quinze mille ennemis tués (?). Détails impossibles. Au revoir (2). »

Le lendemain d'Iéna, Napoléon Ier avait adressé à l'impératrice Joséphine ce billet :

« Mon amie, j'ai fait de belles manœuvres contre les Prussiens et j'ai « gagné hier une grande bataille. »

Ces deux bulletins de victoire permettent, à eux seuls, d'apprécier la distance qui sépare le snobisme du génie.

A 11 heures du soir, Napoléon III rédigea, puis fit expédier à l'impératrice un second télégramme débutant par ces mots :

« Aujourd'hui, 4 juin, l'armée devait se diriger sur Milan, en passant « par les ponts jetés à Turbigo et par le pont de Magenta. »

Et qui contenait ces deux phrases :

« Cependant, le général de Mac-Mahon s'emparant de Magenta après « des combats sanglants, l'avantage nous est resté.

« Les généraux de Mac-Mahon, Regnaud de St-Jean-d'Angely, le « maréchal Canrobert et Vinoy se sont couverts de gloire. »

L'impératrice reçut les deux télégrammes, le 5 juin au matin, et les porta à la connaissance du public, dénaturés.

Elle commença par biffer dans le premier télégramme les mots « mais chèrement achetée», puis modifia la première phrase du second, comme il suit :

« Hier, l'armée devait se diriger sur Milan en passant par les ponts « jetés à Turbigo, *et non par le pont de Magenta* (?) (2). »

Quant aux deux phrases concernant, l'une la prise de Magenta par le général de Mac-Mahon, l'autre la gloire acquise par le maréchal Canrobert et trois généraux désignés, elle les supprima tout simplement.

(1) Aussitôt entré dans la petite maison blanche, l'empereur avait fait étaler ses cartes sur une table.

(2) *Le Maréchal Canrobert*, par M. Germain Bapst.

L'impératrice télégraphia ensuite à l'empereur, en chiffres, « qu'elle
« n'avait pu laisser la phrase où il était dit que c'était l'intervention du
« général Mac-Mahon qui, en s'emparant de Magenta, avait décidé de la
« victoire, ni celle relative aux quatre généraux qui s'étaient couverts
« de gloire, parce que le public traduirait ainsi la dépêche : *L'empereur*
« *a compromis la situation et les généraux l'ont sauvée* (1). »

CONCLUSION

La manœuvre de Magenta, en dépit de la victoire qui en a consacré
le succès, fait ressortir la faiblesse de l'armée française, au double point
de vue de l'organisation et du commandement.

Tandis qu'on appliquait en Prusse depuis 1813 le principe de la préparation à la guerre à l'aide de toutes les forces actives du pays, les
gouvernements qui s'étaient succédé en France depuis Waterloo
n'avaient rien fait pour organiser, dès le temps de paix, les unités des
trois armes en brigades, divisions et corps d'armée, munis de tous les
services et objets indispensables en campagne.

Il fallut donc tout improviser en 1859, comme en 1854, et plus tard,
en 1870, sous le rapport du commandement, des états-majors, des
services administratifs et des transports.

Une bonne préparation à la guerre exige qu'une élite d'officiers soit
exercée, longuement et avec méthode, à la conduite des troupes en
opérations.

(1) *Le Maréchal Canrobert,* par M. Germain Bapst.

Grâce à l'académie de guerre et au grand état-major, qui sont des institutions de premier ordre, la Prusse assurait le recrutement de généraux sachant la guerre et capables de la bien faire... Sadowa en est la preuve.

L'armée française, elle, n'était pourvue d'aucune institution similaire ; aussi, ses meilleurs généraux ignoraient-ils les hautes parties de l'art.

En l'absence d'un homme capable de bien remplir auprès de lui les fonctions de major général, Napoléon III se vit contraint de diriger en personne les opérations de son armée et d'être, en quelque sorte, son propre chef d'état major.

Pour agir ainsi, il faut être Frédéric II ou Napoléon Ier.

« Les grands capitaines, a écrit Moltke, n'ont besoin d'aucun conseil ;
« ils étudient eux-mêmes les questions et les tranchent, mais ce sont
« des génies de premier ordre, comme on en voit à peine un par
« siècle (1). »

Napoléon III, étranger à la profession militaire et dépourvu du génie des batailles, eut recours, non à un conseiller digne de toute sa confiance, mais à plusieurs. Les conseils de guerre, les conciliabules et les demandes d'avis les plus variées furent, par suite, la monnaie courante de son commandement. Il devait en résulter beaucoup de décousu dans les opérations et, à plusieurs reprises, la mise en œuvre d'idées fausses.

Cependant, on doit reconnaître que si l'empereur a fait preuve jusqu'à Magenta d'hésitations continuelles, il a mis un entêtement absolu à réaliser ceux des projets parfois téméraires qu'il avait enfin adoptés.

L'exemple le plus frappant de son esprit d'entreprise, il le donna, dès son débarquement à Gênes, quand il prescrivit de marcher sur Plaisance, contrairement aux avis de ses généraux lui montrant avec plus ou moins de véhémence que leurs troupes étaient dépourvues des objets les plus indispensables.

« On s'organisera en route, » fut sa réponse, et l'on partit.

Que n'a-t-il donné le même ordre, le 28 juillet 1870, lorsque ses commandants de corps d'armée lui exposèrent le dénuement de leurs troupes et déclarèrent que l'on devait surseoir à tout mouvement offensif !

En portant sur Mayence, le 28 ou le 29 juillet, les 175.000 hommes dont il disposait en Alsace et en Lorraine, Napoléon III aurait obtenu un premier succès, plus ou moins éphémère mais certain, sur les groupes épars des armées allemandes en voie de réunion dans le Palatinat.

____

(1) *La Campagne d'Italie en 1859* (Berlin, 1862).

Que fut-il advenu de cette pointe audacieuse ? Nul ne peut le dire, car les énergies morales que développe l'offensive en pays ennemi dépassent quelquefois les prévisions les plus favorables. Seulement, l'empereur du 28 juillet 1870 n'était plus le Napoléon III du 12 mai 1859 ne doutant de rien parce qu'il ignorait tout. Les difficultés, les déceptions, et aussi, les vives alarmes éprouvées au cours de la guerre d'Italie avaient transformé en défiance de lui-même sa belle assurance des premiers jours.

Enfin, les onze années écoulées avaient pesé sur l'empereur si lourdement que d'un homme vigoureux elles avaient fait un vieillard sans force et sans volonté.

Pour terminer, nous pensons que la manœuvre de Magenta et les opérations ultérieures de la campagne ont procuré au grand état-major prussien, à Moltke surtout, des idées nettes sur les nombreux et graves défauts d'organisation et de commandement des armées opposées et que les moyens propres à vaincre l'Autriche puis la France devaient en découler comme de source.

Il est donc permis de croire que si la guerre de 1859 contenait en germe *Sadowa*, elle a été pour Napoléon III, suivant l'expression du comte de Hübner (1), « *le premier pas sur la route de Sedan* ».

(1) *Souvenirs*, chez Plon (1904).

LE DÉSASTRE DE METZ

LE DÉSASTRE DE METZ

ÉTUDE SUR LA PSYCHOLOGIE MILITAIRE DE BAZAINE EN 1870

ET SPÉCIALEMENT DU 6 AU 16 AOUT

INTRODUCTION

L'ARMÉE FRANÇAISE, DE 1859 A 1870

Le haut commandement français de 1870 adopta, dès le début des hostilités, une attitude défensive, et la guerre de positions, telle qu'on la pratiquait au XVIII⁽ᵉ⁾ siècle, fut pour lui la ressource suprême contre l'envahisseur.

Comment les généraux français qui, en Crimée puis en Italie, avaient fait preuve d'une initiative hardie ont-ils pu, neuf ans après Magenta, renoncer aux avantages que procure l'esprit offensif pour se cantonner dans la défense passive de positions plus ou moins favorables ?

Avant de répondre à la question, il convient de jeter un coup d'œil en arrière

Les généraux d'Afrique, élite du haut commandement sous la monarchie de juillet et le second empire, avaient acquis l'expérience nécessaire pour bien diriger les opérations d'une colonne mobile composée de quelques milliers d'hommes et de quelques centaines de chevaux.

A cela se bornait leur art ne réclamant pas de hautes et longues études personnelles et n'exigeant que de l'activité, de l'intelligence et du bon sens.

On devine la défaveur réservée, durant cette période, à tout ce qui, de près ou de loin, touchait à la théorie de la grande guerre.

N'avons-nous pas entendu un gros personnage militaire dire, du ton le plus sérieux, à l'un de ses camarades :

« Ah çà, tu crois donc à la tactique ? »

Pendant les cinq ou six lustres qui ont précédé la campagne de 1870, notre état-major général semble avoir totalement ignoré la guerre combinée, celle que Napoléon avait conduite en considérant les corps d'armée, voire même, certains groupements plus considérables, comme des pions qu'il faisait mouvoir sur l'échiquier stratégique, à la façon du joueur d'échecs, avec cette différence, toutefois, que son jeu tenait compte des facteurs moraux dont l'importance à la guerre est prépondérante.

L'insuffisance du haut commandement en stratégie et tactique générale, appliquées suivant le mode napoléonien, devait amener des conséquences fâcheuses, au point de vue de la préparation des troupes à leur mission du temps de guerre. Il ne suffit pas en effet que le fantassin sache tirer, que le cavalier soit solide à cheval et que le canonnier serve bien sa pièce. Les unités tactiques de l'infanterie : bataillons, régiments, brigades, divisions, comme celles de la cavalerie et de l'artillerie, doivent posséder des qualités propres leur permettant de parer aux diverses éventualités de la guerre avec célérité, ordre et précision.

Une bonne instruction tactique donnée, en temps de paix, à toutes les unités, depuis la compagnie ou l'escadron jusqu'à la division, permet, seule, d'atteindre ce résultat.

Or, l'instruction tactique faisait complètement défaut à nos troupes, par manque d'instructeurs en cette matière. L'exploration, la sûreté, l'emploi des avant-gardes, les principes qui doivent présider aux engagements de front, la combinaison des trois armes sur le champ de bataille, les manœuvres enveloppantes ou débordantes, l'attaque décisive, la contre-attaque, la rupture du combat, les manœuvres en retraite, etc..., toutes ces formes de la tactique qui auraient dû être familières aux généraux français du second empire leur étaient inconnues.

Dans ces conditions, comment espérer qu'en campagne la cavalerie sera l'œil de l'armée, que les avant-postes ne seront pas surpris, que les chefs, aux divers degrés de la hiérarchie, sauront s'inspirer des circonstances de but et de moyens pour faire concourir leurs actes au bien de l'ensemble ? Il ne suffit pas que les généraux disposent d'instruments de choix. A eux d'en jouer, non comme des élèves, mais en virtuoses, parce que le véritable artiste améliore son instrument et que celui-ci réagit à son tour en faveur d'une exécution de plus en plus parfaite.

C'est en formant leur troupe que capitaines, chefs de bataillons, colonels et généraux se forment eux-mêmes en vue de la guerre, car l'éducation militaire telle qu'on la comprend aujourd'hui exige de la part de celui qui la donne, serait-il simple capitaine, des connaissances étendues et précises.

Des considérations qui précèdent découle cette double constatation qu'en 1854-1855 et en 1859 le haut commandement français n'avait pas la notion de la guerre napoléonienne, et que, si les troupes possédaient, à un très haut degré, les qualités inhérentes à la race, elles ressemblaient à ces riches terroirs demeurés en friches, faute de bras pour les cultiver. On ne connaissait plus dans l'armée française que la guerre de soldats dans laquelle les généraux se bornent à donner l'exemple de la bravoure, mais ne dirigent pas.

Cette méthode simpliste mais héroïque avait donné de bons résultats en 1854-1855 contre les Russes figés dans leurs lourdes formations. Elle fut également efficace dans les combats de 1859, où les Autrichiens se montrèrent si pusillanimes.

La confiance dans le succès continua donc de régner en France durant les années qui suivirent la campagne d'Italie, et ce, en dépit des critiques que publièrent certaines revues militaires sur le décousu des opérations de cette campagne.

Dans sa brochure « L'art de combattre l'armée française » publiée en 1861, le prince Frédéric-Charles de Prusse faisait ressortir les avantages dont jouissait notre armée, de par l'initiative, l'activité et la bravoure de ses cadres comme de ses soldats.

La pauvreté tactique des manœuvres du camp de Châlons auxquelles assistaient, chaque année, un certain nombre d'officiers prussiens en mission officielle, n'avait pas échappé cependant au « prince rouge (1) », mais, disait-il, personne, dans l'armée française, n'étant capable de relever les fautes contre la tactique, que commet le commandement, la confiance des troupes en leurs chefs reste inébranlable, quoi qu'ils fassent, et, en campagne, l'audace des uns, l'entrain endiablé des autres rachèteront bien des erreurs.

(1) Terme familier sous lequel on désignait, en Prusse, le prince Frédéric-Charles, à cause de la tenue des Hussards rouges qu'il portait constamment.

La victoire prussienne de Sadowa (3 juillet 1866) fut, pour la France et son armée, comme un coup de foudre dans un ciel serein.

Les masses énormes mises en action par la Prusse, les manœuvres entrecoupées de combats heureux qu'avaient effectuées ses trois armées pour venir livrer, à jour fixe, sur un terrain commun, une bataille décisive après laquelle l'armée autrichienne ne présenta plus que des débris épars, cette campagne de sept jours, comparable aux plus brillantes de l'époque napoléonienne, produisit sur les généraux et les officiers français une impression profonde.

« Nous ne saurions pas en faire autant, » fut le sentiment général. Sur ce point, nos souvenirs sont fort nets.

De là à croire que nous nous jugions incapables de lutter avantageusement contre l'armée prussienne, il y a loin, car la bataille de Sadowa eut surtout pour effet de nous exciter à rechercher les causes des succès remportés par nos rivaux, afin de faire servir cette étude à la préparation d'une guerre que tout le monde, en France, estimait inévitable et prochaine.

Le maréchal Niel, ministre de la guerre, prit la tête du mouvement. Par ses soins, des officiers bien choisis rédigèrent un certain nombre de conférences qui furent publiées pour servir de thèmes, dans chaque régiment, à des travaux visant les opérations en Bohême, la tactique des trois armes et les procédés de combat de l'infanterie, de l'artillerie et de la cavalerie prussiennes. Est-il besoin de dire qu'en raison de notre ignorance des éléments de la guerre ces travaux manquèrent d'une base solide et ne firent que définir le but, sans donner les moyens pratiques de l'atteindre.

Vers la même époque (1867) eut lieu la mise en service du « chassepot », très supérieur aux armes de petit calibre alors en usage en Europe, et en particulier au fusil prussien (le Dreyse).

Les tirs de polygone qu'on fit exécuter avec le « chassepot » par des compagnies en bataille (sur deux rangs) tirant sur un dispositif de panneaux échelonnés, fournirent des résultats si supérieurs à ceux de l'ancien fusil que la plupart des généraux et des officiers, le maréchal Niel tout le premier, estimèrent que le feu de mousqueterie suffirait désormais à procurer la victoire. La défensive étant la forme du combat la plus favorable à l'action par le feu, son adoption reçut la consécration officielle en vertu d'une circulaire ministérielle recommandant, d'autre part, la construction aussi fréquente que possible de tranchées-abris sur les positions à défendre.

Une pareille aberration ne pouvait se produire que dans une armée livrée aux spécialistes et dans laquelle l'art et la science tactiques étaient en sommeil depuis Waterloo.

La défensive tactique appelle la défensive stratégique, tandis que l'inverse n'est pas vraie, comme l'a montré Napoléon en avril 1809.

La défensive stratégique prévalut donc dans les conseils de l'empereur Napoléon III, et le général Frossard dut élaborer en 1867 un plan de défense pour la frontière nord-est, qui a été publié récemment (1). L'archaïsme de ce plan est tel qu'on le croirait extrait des archives de la guerre de Sept ans.

En résumé, la période de quatre ans comprise entre juillet 1866 et juillet 1870 donna naissance chez nous à des intentions louables, dans le but d'acquérir la supériorité sur l'armée prussienne, mais elle vit se produire l'erreur monstrueuse qui consiste à mettre l'espoir de vaincre dans le choix de positions défendues par le feu, à l'exclusion du mouvement, de la manœuvre et de l'attaque.

Les jeunes officiers, faute d'une bonne méthode, surent rarement diriger leurs efforts, et les vieux officiers, incapables, en raison de leur âge, de modifier leurs habitudes, s'en remirent à la bravoure innée de leurs soldats et à la puissance du « Chassepot » pour contrebalancer les avantages du nombre, de l'organisation, enfin du commandement, qu'ils accordaient, plus ou moins, et plutôt moins que plus, à l'armée prussienne.

Les esprits les plus élevés et les caractères les plus fermes, parmi nos généraux, ne surent pas échapper, *après Sadowa,* à la folie des positions, ainsi qu'en témoignent les lettres et ordres, récemment publiés, du général Ducrot, un tempérament de grand chef, s'il en fut, et un clairvoyant.

La situation défavorable de notre armée, de 1866 à 1870, n'est pas unique dans l'histoire.

(1) Cette publication a été faite par la *Revue d'histoire,* organe de l'État major général français.

Le général prussien Von der Goltz montre dans son livre si remarquable « Rosbach et Iena » que les succès de Bonaparte, et surtout sa victoire d'Austerlitz, avaient provoqué chez les jeunes officiers prussiens un courant d'idées favorables aux réformes, mais que ce courant était venu se briser contre l'esprit de routine des vieux généraux, et l'auteur a écrit cette phrase significative qui s'applique aussi bien à l'armée française de juin 1870 qu'à l'armée prussienne de septembre 1806 :

« Lorsque, dans une armée, les vieilles idées ont encore force de loi, « alors que les nouvelles commencent à se faire jour sous une forme « encore imprécise, la période de transformation qui en résulte cons- « titue pour cette armée une crise des plus dangereuses. »

AVANT-PROPOS

La guerre prévue depuis Sadowa éclate le 15 juillet 1870. Inutile d'en rappeler les conséquences si funestes pour notre pays.

Deux ans après le traité de Francfort, le maréchal Bazaine, inculpé du crime de haute trahison, comparaît devant un conseil de guerre présidé par le général duc d'Aumale.

Le procès de Trianon a fait ressortir les fautes criminelles qui ont valu au maréchal Bazaine sa condamnation à mort.

Au cours de débats longs et touffus, les événements du 6 au 9 et du 12 au 16 août, sur lesquels Bazaine avait exercé une influence prépondérante, ne firent pas l'objet d'une analyse approfondie et passèrent presque inaperçus.

Or, la psychologie de Bazaine, pendant les dix jours qui ont précédé la bataille de Vionville-Rezonville (16 août), donne la clef de tous ses actes ultérieurs.

La défaillance judiciaire que nous venons de signaler s'explique par ce fait qu'en 1873 on ignorait, en France, la guerre napoléonienne devenue depuis 1815 l'apanage de l'armée prussienne, et qu'à la même époque les pièces d'archives se rapportant à notre armée de Lorraine n'avaient pu être classées, encore moins publiées.

La présente étude, basée sur les documents officiels de la campagne (1), permet, croyons-nous, d'apprécier nettement l'état d'esprit, la valeur militaire, en un mot, la psychologie de Bazaine durant la période qui va du 6 au 16 août 1870.

Tout démontre que le désastre de Metz ne pouvait plus être évité, le 14 août, au moment, vers 4 heures du soir, où fut tiré le premier coup de canon du combat de Borny.

(1) La *Revue d'histoire*, rédigée à la section historique de l'état-major de l'armée, publie en ce moment sous le titre de « Documents annexes » les documents relatifs à la guerre de 1870-1871.

DISPOSITIF DE L'ARMÉE DE LORRAINE, LE 5 AOUT.

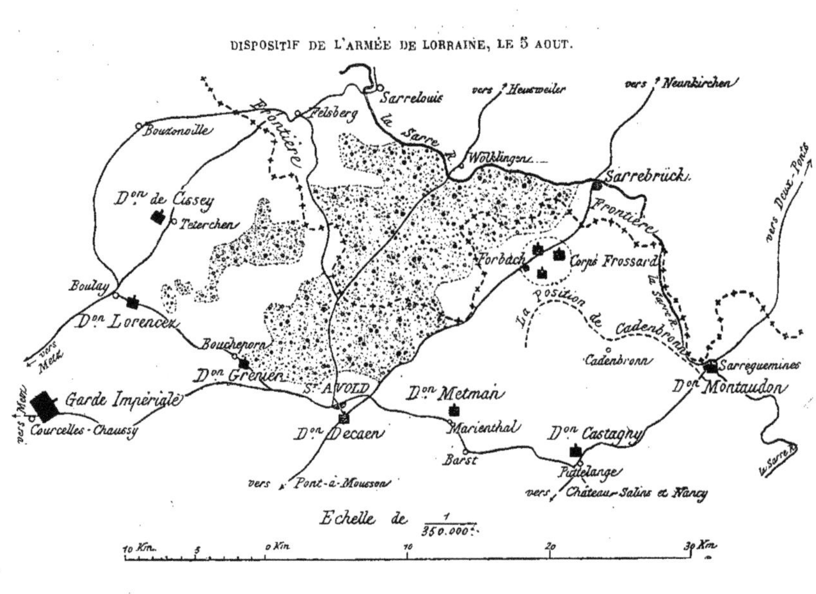

I

LA JOURNÉE DU 6 AOUT

Le Dispositif du 5 août.

L'esprit de la guerre du XVIIIᵉ siècle ayant inspiré, en juillet 1870, les premières dispositions de l'armée du Rhin, celle-ci fut *déployée en cordon* sur la frontière du nord-est, depuis Belfort jusqu'à Sierck.

Le même esprit présida aux mesures de défense stratégique que crut devoir adopter Napoléon III lorsque la nouvelle de l'échec de Wissembourg lui fit prévoir, à bref délai, l'offensive des Allemands au sud de la Sarre moyenne.

Les forces principales de l'ennemi, en voie de réunion dans le bassin de Sarrebruck, pouvaient franchir la frontière en débouchant de Deux-Ponts, de Sarrebruck ou de Sarrelouis, soit séparément, soit de ces trois points à la fois.

Voulant faire face au danger d'où qu'il vînt, l'empereur fit prendre, le 5 août, à l'Armée de Lorraine, composée des 2ᵉ, 3ᵉ, 4ᵉ corps et de la Garde impériale, le dispositif suivant :

1º Une ligne principale composée de 5 divisions d'infanterie formant cordon, à intervalles d'une demi-étape (1) (front total de 40 kilomètres) sur la transversale :

Puttelange (division Castagny) — *Marienthal* (division Metman) — *Saint-Avold* (division Decaen) — *Boucheporn* (division Grenier) — *Boulay* (division Lorencez).

2º Une ligne de troupes avancées, comprenant :

En avant de la droite, à Sarreguemines, la division Montaudon, opposée au débouché de Deux-Ponts. En avant du centre, à Forbach et environs, le corps Frossard (2º), face à Sarrebruck. En avant de la gauche, à Teterchen, la division de Cissey, observant Sarrelouis.

3º La réserve générale formée par le corps de la Garde, à Courcelles-Chaussy, à deux étapes de la droite, à une étape du centre et à une demi-étape de la gauche.

(1) L'étape usuelle correspond à une distance de 20 à 25 kilomètres.

La position de Cadenbronn.

Si l'on voulait faire rendre au système suranné du cordon le maximum d'effet utile, il fallait donner aux trois avant-gardes stratégiques de Sarreguemines, de Forbach et de Teterchen des instructions sur leur rôle qui consistait, essentiellement, en cas d'attaque par des forces très supérieures, à combattre en retraite, afin de procurer aux divisions du corps de bataille, voire même à la réserve générale, le temps de se concentrer, en terrain favorable, sur toute direction menacée.

La position de Cadenbronn, située à mi-distance de Sarrebruck et de Saint-Avold, avait été choisie en prévision d'une attaque venant de Sarrebruck.

Si donc cette éventualité se réalisait, le général Frossard, qui connaissait bien la dite position pour l'avoir étudiée et proposée en 1867, s'y serait porté avec le 2ᵉ corps, non d'une seule traite, mais en disputant le terrain à l'ennemi, pour donner le temps au maréchal Bazaine, dont le quartier général était à Saint-Avold, d'amener les 4 divisions du 3ᵉ corps et peut-être une (2ᵉ) du 4ᵉ corps sur le terrain de Cadenbronn, de manière à présenter un total de 8 divisions d'infanterie pour la première affaire.

Il n'en fut pas ainsi.

Le général Frossard, attaqué, le 6 août, à partir de 11 h. 1/2, par des forces d'abord inférieures, mais dont le nombre s'accrut rapidement, accepta la lutte décisive sur le plateau de Spicheren et dans le couloir au nord de Forbach « parce qu'il fallait bien, a-t-il écrit, couvrir cette « localité, tête de ligne de chemin de fer et centre d'approvisionnements « considérables ».

Un motif du même genre avait incité le prince Louis de Prusse à livrer combat au corps d'armée du maréchal Lannes, le 6 octobre 1806, près de Saalfed, dans de très mauvaises conditions, tant il est vrai que les résultats de la faiblesse ne varient guère d'une époque à un autre.

Bazaine et Frossard. *f*

Bazaine, dont la conduite au Mexique avait été plus que louche, ne pardonnait pas à l'empereur l'humiliation subie à Toulon lorsque, par ordre supérieur, les honneurs dus à un maréchal de France ne lui furent pas rendus, lors de son débarquement.

En parfait courtisan, Bazaine sut masquer son dépit et même obtenir de Napoléon III de nouvelles faveurs, telles que sa nomination au grand commandement de Nancy, qui le désignait pour diriger les opérations de la Prusse, en cas de guerre avec cette puissance, puis le commandement de la Garde.

Né en 1811, engagé volontaire en 1831 et divisionnaire en 1855 (à l'âge de 44 ans), Bazaine, ainsi que tous les généraux de son temps, ne possédait en fait d'instruction militaire que la connaissance des règlements d'exercices et l'expérience des expéditions coloniales.

Très fin et madré, ne se livrant jamais, d'un caractère envieux et sombre, ambitieux au delà de toute expression, sceptique en toutes choses et très souple, par surcroît, Bazaine inspirait confiance aux troupes par sa vigueur et sa bravoure exceptionnelles.

Le général Frossard, précepteur du prince impérial, était un officier du Génie remarquablement intelligent, très érudit, et professant en matière d'art militaire des principes conformes à ceux qui avaient cours à l'époque de la guerre de Sept ans.

En cela il ne faisait pas exception, les généraux français de 1870 s'étant laissé entraîner, après les succès foudroyants de la Prusse en 1866, à donner au terrain une importance capitale, mais décevante.

Une telle aberration serait inexplicable si l'on ne savait que Napoléon Ier n'a exprimé ses idées sur la guerre offensive et sur la guerre défensive que dans ses lettres ou ordres revêtant un caractère concret et qu'il a fallu un Clausewitz pour découvrir l'esprit de la guerre Napoléonienne et l'inculquer à l'armée prussienne.

Le général Frossard appartenait à cette catégorie de généraux provenant des états-majors particuliers, qui demandent et obtiennent un commandement dans le but de perfectionner leur instruction militaire, sans se rendre compte qu'un tel apprentissage se fait habituellement aux dépens des troupes.

Bazaine et ses divisionnaires pendant le combat de Spicheren.

Le 5 août, le maréchal Bazaine avait été investi du commandement supérieur des 2e, 3e et 4e corps *pour les opérations seulement*, l'empereur se réservant la direction générale et le commandement direct de la Garde.

Cette organisation faisait de l'armée de Lorraine un monstre à deux têtes.

L'empereur se reposait en effet sur Bazaine pour les ordres à donner, et celui-ci n'osait rien prescrire, de crainte d'entrer en désaccord avec son souverain.

Arrivons à la matinée du 6 août.

Bazaine était à ce moment dans un état d'esprit peu favorable aux entreprises hardies.

Le cœur plein d'amertume, il ne pouvait cacher son dépit d'être frustré du commandement intégral de l'armée de Lorraine, et, dans son for intérieur, se réjouissait presque de l'insuccès des débuts de la campagne.

D'autre part, le général Frossard, qu'il appelait « le maître d'école », lui était antipathique, tant en raison de ses connaissances scientifiques et de sa distinction naturelle que de la faveur dont il jouissait auprès de l'empereur.

A la pointe du jour, entre 4 et 5 heures, le maréchal Lebœuf, major général, télégraphia de Metz au maréchal Bazaine, à Saint-Avold, et au général Frossard, à Forbach, qu'ils devaient s'attendre à une attaque sérieuse, le jour même.

Bazaine comprit que Saint-Avold était menacé ; en conséquence, il envoya au général Metman l'ordre télégraphique de se rapprocher de cette ville et, un peu plus tard, vers 8 heures, il précisa son intention en prescrivant de détacher une brigade sur un mamelon appelé Mittenberg, qui domine la croisée des routes de Sarreguemines et de Sarrebruck à Saint-Avold.

Par télégramme de 9 heures du matin, le général Frossard annonça au maréchal Bazaine l'attaque de ses avant-postes et demanda que la division Montaudon (à Sarreguemines) envoyât une brigade derrière l'aile droite du 2e corps, à Grosbliederstroff, tandis que la division Decaen (à Saint-Avold) marcherait sur Forbach, par la grande route, pour former appui d'aile gauche.

A 10 h. 20, Bazaine fut prévenu que le 2ᵉ corps allait combattre sur le plateau de Spicheren et au nord de Forbach.

Plus de doute à avoir. Ce n'est pas sur la position de Cadenbronn que le général Frossard veut accepter la lutte décisive, mais là où sont ses troupes.

Les renforts à mettre à la disposition du 2ᵉ corps ne devront donc pas être dirigés vers la position de Cadenbronn ; il faudra les pousser plus loin, sur Spicheren et sur Forbach.

A 10 h. 50, le général Frossard rend compte au maréchal Bazaine que l'ennemi se présente à Rosbruck et à Merlebach, villages situés sur la grande route entre Forbach et Saint-Avold.

Bazaine dirige de ce côté la brigade disponible de la division Metman (de Marienthal) ainsi que la brigade de dragons de Juniac (de Saint-Avold) et, à 11 h. 54, il télégraphie à l'empereur :

« L'ennemi est *rentré* (sic) à Merlebach. »

Le télégramme Frossard de 10 h. 50 disait seulement que l'ennemi s'était présenté à Merlebach.

En aggravant une nouvelle fâcheuse en soi avec l'intention de causer du chagrin à l'empereur, Bazaine découvrait en partie son âme perfide.

La demande du général Frossard, relative à l'envoi d'une brigade de la division Montaudon à Grosbliederstroff, resta sans réponse et il n'en fut même pas question dans le compte-rendu télégraphique que Bazaine fit expédier à l'empereur, à midi 3/4, pour lui annoncer les prises de position des brigades de la division Metman à Mittenberg et à Bening, le départ d'une brigade de dragons pour Haut-Hombourg, enfin l'ordre envoyé à la division de Castagny (à Puttelange) de placer une brigade en position, à Theding, et une autre, en soutien, à Farschwiller.

L'exécution de ces mesures devait avoir pour effet de placer les divisions Castagny et Metman sur une série de plateaux dominants qui prolongent vers Saint-Avold la position de Cadenbronn, face aux routes venant de Sarrelouis, et cela, sans la moindre préoccupation de venir en aide au corps Frossard.

A 1 h. 5 le maréchal Bazaine télégraphia au commandant du 2ᵉ corps, à Forbach :

« Quoique j'aie très peu de monde sous la main *pour garder* la *posi-*
« *tion de Saint-Avold* (!), je fais marcher la division Metman sur Mache-

« ren (mamelon de Mittenberg) et Bening-lès-Saint-Avold, la division
« Castagny sur Farschwiller et Theding ; *je ne puis faire plus.*

« *Notre ligne est malheureusement très mince par suite des dernières*
« *dispositions prises* et, si le mouvement (de l'ennemi) est vraiment
« aussi sérieux, nous fero ns bien de nous concentrer sur la position de
« Cadenbronn. »

Le télégramme qui précède met en lumière les idées archaïques de
Bazaine sur la défensive stratégique et laisse deviner, sous les motifs
d'ordre militaire invoqués en faveur d'une attitude expectante, l'arrière-
pensée de faire échec aux dispositions prescrites, l'avant-veille, par
l'empereur, voire même, d'abandonner « le maître d'Ecole » à ses propres forces.

A ce moment, Bazaine ignorait encore la gravité de la situation au
2e corps, mais il la pressentait, et ce n'est pas sans une pointe d'ironie
qu'il disait au général Frossard que, si le mouvement de l'ennemi était
sérieux, il serait bon de se concentrer sur la position de Cadenbronn.

Si Bazaine eût été un brave homme, il n'aurait pas argué de la position de Saint-Avold à garder et de la « ligne malheureusement très
mince » pour se couvrir plus tard du reproche de n'avoir pas volé au
secours de son lieutenant. La division Metman aurait été poussée sur
Morsbach, la division Castagny sur Behren, la division Montaudon sur
Grosbliederstroff, toutes les trois à la disposition du général Frossard,
et lui, Bazaine, serait allé en chemin de fer entre 1 h. et 2 h, à Forbach,
sa vraie place.

A 1 h. 25 le général Frossard télégraphia au maréchal Bazaine :

« Je suis fortement engagé, tant sur la route et dans les bois que sur
« les hauteurs de Spicheren ; *c'est une bataille.* Prière de faire marcher
« rapidement votre division Montaudon vers Grosbliederstroff et votre
« brigade de dragons sur Forbach. »

Ce télégramme, reçu à 1 h. 45, donna lieu, une demi-heure plus tard
(2 h. 18), à la réponse suivante :

« Je fais partir la division Montaudon pour Grosbliederstroff. La bri-
« gade de dragons marche sur Forbach. »

Or, c'est à 2 h. 50 seulement, plus d'une heure (65') après la réception
du télégramme de Frossard annonçant une bataille, que Bazaine fit
expédier au général Montaudon, à Sarreguemines, l'ordre télégraphique

de marcher « *avec toute sa division* » sur Grosbliederstroff, à la disposition du général Frossard.

La dépêche se terminait par cette phrase grosse de conséquences :

« Suivez, bien entendu, la rive gauche de la Sarre et *voyez s'il ne*
« *serait pas bon*, pour vous servir de point d'appui, de diriger une
« colonne sur Rouhling. »

Le général Montaudon, en bon fantassin, était méfiant. Que voulait Bazaine ?

Il ne s'agissait pas tant de marcher au secours du 2ᵉ corps que de deviner les intentions du commandant en chef pour s'y conformer.

« Toute la division » impliquait le relèvement de tous les postes par la brigade Lapasset, du 5ᵉ corps, stationnée à Sarreguemines ; d'où mise en marche de la division Montaudon à 5 h. du soir seulement.

La phrase à double entente reproduite plus haut fut interprétée dans le sens le plus étroit, en sorte que toute la division marcha sur Rouhling par un chemin escarpé, atteignit ce point vers 7 h. 1/2 du soir, y fut rassemblée, bref ne servit à rien.

Et pourtant, le général Frossard avait demandé, à 9 h. du matin, l'envoi d'une brigade de la division Montaudon à Grosbliederstroff. Si cette demande eût été suivie d'effet, la brigade en question fût arrivée derrière l'aile droite du 2ᵉ corps, à midi, et son intervention dans la lutte aurait eu les plus heureuses conséquences pour nous.

Le télégramme si alarmant reçu de Forbach à 1 h. 45 aurait dû provoquer de la part du maréchal Bazaine des ordres télégraphiques aux divisions Castagny et Metman pour qu'elles marchassent au canon.

Tout au contraire, le commandant en chef réitéra ses ordres, par dépêche ordinaire, au général Metman en vue d'occuper la position Bening-Betting qui fait face à la direction de Sarrelouis, et c'est seulement à 3 h. 19 qu'il rendit compte télégraphiquemeut à l'empereur du télégramme reçu à 1 h. 45 par lequel le général Frossard annonçait une bataille. Ce retard de *plus d'une heure et demie* était voulu, afin de mettre l'empereur dans l'impossibilité de prescrire de nouveaux mouvements de troupes, exécutables le jour même.

A 2 h. 20, le général Frossard n'ayant pas encore de réponse à son télégramme de 1 h. 25 (reçu par Bazaine à 1 h. 45), et très inquiet, télégraphia de nouveau en ces termes :

« Je vous prie de me répondre si vous faites marcher des troupes de
« Sarreguemines vers ma droite. »

Le Maréchal s'exécuta *une heure et demie plus tard* par le télégramme
suivant, rédigé sous une forme plutôt blessante :

« Je vous ai déjà répondu que le général Montaudon partait pour Grosbliederstroff. »

Le général Frossard savait depuis une heure et demie de l'après-midi
que la division Metman se portait sur la position de Bening et la division Castagny sur celle de Theding ; il avait appris, en outre, à 2 h. 1/2,
que la division Montaudon avait l'ordre de marcher sur Grosbliederstroff.
stroff.

Le commandant du 2e corps télégraphia, par suite, au général Montaudon, à 3 h. 1/2, d'activer sa marche sur Grosbliederstroff et au général Metman, à 4 h., de se porter de suite sur Forbach.

Le premier fut bien empêché d'activer sa marche par la crainte de se
tromper sur les intentions du maréchal Bazaine.

Le second, n'ayant pas d'ordres de son chef pour se mettre à la disposition du général Frossard, ne commença son mouvement de Bening
sur Forbach qu'à 7 h. 1/2 du soir.

Quant au général de Castagny, son activité en cette journée du 6 août
est comparable à celle de l'écureuil dans sa cage.

D'après une communication verbale reçue de Bazaine le 5 août, le
général de Castagny devait se mettre à la disposition du général Frossard et entrer, le jour même, en relations avec lui.

Le général de Castagny oublia de se conformer à cette prescription,
et, d'autre part, le maréchal Bazaine ne prévint pas le général Frossard,
de telle sorte que celui-ci ne sut pas, le 6 août, qu'il pouvait appeler à
lui, quand bon lui semblerait, la division établie à Puttelange.

Le général de Castagny, chef de cette division, se trouvait vers midi
à l'Hôtel-de-Ville quand le bruit d'une canonnade se fit entendre dans
la direction du nord.

Aussitôt ordre fut donné de prendre les armes et de marcher au
canon.

A 5 kilomètres du point de départ, une belle position *formée par la
croupe au sud de Diebling* s'offrit aux yeux du général de Castagny,
lequel s'empressa d'y déployer sa division ; pourquoi ? Le savait-il
lui-même ?

Il était alors deux heures et l'on n'entendait plus le canon.

Une reconnaissance envoyée au signal de Cadenbronn revint, disant, elle aussi, que le bruit du combat semblait avoir cessé.

Vers 4 heures, la division fut ramenée à son camp de Puttelange, mais, dès que le général de Castagny pénétra dans le village où était son quartier général, il entendit de nouveau le canon.

On repartit entre 5 h. 1/2 et 6 heures, et la division atteignit vers 9 h. du soir les abords de Folckling, à 4 kilomètres de Forbach, dans un moment où la retraite du 2e corps était entamée depuis plus d'une heure.

Ainsi, le général de Castagny a entendu le canon chaque fois qu'il s'est séparé de ses troupes, et il a cessé de l'entendre dès qu'il s'est trouvé mêlé à sa division, même quand celle-ci se rapprochait du terrain de combat.

Les historiens militaires qui ont jusqu'à présent exposé le fait n'en ont pas expliqué la cause, pourtant bien simple.

Une troupe nombreuse et bruyante, qu'elle soit en station ou en marche, ne permet pas à celui qui se tient auprès d'elle d'entendre le bruit du canon tiré à quelques kilomètres de distance. Nous en avons fait l'expérience personnellement, le 30 août, près de Remilly-sur-Meuse.

L'intensité de la canonnade au combat de Spicheren n'a fait que croître depuis midi jusqu'à la nuit, et un peu de réflexion ou de sens pratique aurait suffi à mettre le général de Castagny en garde contre les erreurs d'acoustique provenant du brouhaha des foules.

A Paris, il est des bruits, tel celui de l'eau sous les ponts, que l'oreille perçoit seulement vers la fin de la nuit, quand bêtes et gens dorment.

Quoi qu'il en soit et pour en revenir au combat de Spicheren, à 5 h. 1/2, le général Frossard appelait au secours, de toutes ses forces, par ce télégramme au maréchal Bazaine :

« Ma droite sur les hauteurs a été obligée de se replier. Je me trouve
« compromis gravement. Envoyez-moi des troupes très vite et par tous
« les moyens. »

Cette dépêche, écrite en termes qui respirent le désespoir, n'émut pas autrement le maréchal, lequel ne donna d'autre ordre que celui-ci au général de Castagny, qu'il supposait en position à Theding, en vertu d'une instruction verbale transmise à une heure de l'après-midi :

« Portez-vous sans retard et avec vos moyens d'action à portée et à
« hauteur du général Frossard. Entrez immédiatement en relations avec
« lui et faites ce qu'il vous commandera. »

A 6 h. 1/2, nouveau télégramme du général Frossard, faisant prévoir
l'issue funeste du combat engagé.

« Les Prussiens font avancer des renforts considérables. Je suis atta-
« qué de tous côtés. Pressez le plus possible le mouvement de vos
« troupes. »

Enfin, à 7 h. 35, le chant du cygne :

« Nous sommes tournés par Wehrden. Je porte tout mon monde sur
« les hauteurs. »

Le combat de Spicheren se terminait ainsi par la défaite du 2ᵉ corps
et la victoire d'une division prussienne renforcée progressivement à
l'effectif de 40.000 combattants par l'arrivée, sur le terrain de la lutte, de
brigades, de régiments, accourus à tire d'aile, et pour beaucoup, de fort
loin, sans qu'il ait été besoin d'ordres leur enjoignant de marcher au
canon.

Si, à midi, le maréchal Bazaine eût ordonné télégraphiquement aux
généraux Montaudon (Sarreguemines), Castagny (Puttelange) et Metman
(Marienthal) de renforcer le 2ᵉ corps, respectivement, par Grosbliederstroff, Behren et Forbach, trois divisions seraient arrivées, vers 4 heures
de l'après-midi, à portée de fournir au 2ᵉ corps un surcroît de puissance
tel que le succès des armes françaises se fût imposé.

Ce résultat si facile à obtenir fut renversé au détriment de la France
par la faute du maréchal Bazaine, chez lequel on constate, le 6 août :
ignorance de la guerre, paresse de corps et d'esprit, haine contre le souverain, jalousie à l'égard du général Frossard, et adoption de mesures
de défense, exclusives d'un secours efficace apporté au 2ᵉ corps.

II

La marche rétrograde du 3e corps sur la Nied, le 8 aout

On vient de voir la funeste influence qu'a exercée sur l'issue du combat de Spicheren le commandant en chef des 2°, 3° et 4° corps, à qui la notorité d'un subordonné — le général Frossard — et son crédit auprès de l'empereur portaient ombrage.

Nous allons montrer maintenant Bazaine organisant et dirigeant la marche en retraite du 8 août, destinée à porter le 3° corps et une division du 4° sur la position de la Nied allemande, intermédiaire entre Saint-Alvold et Metz.

Dans cette opération, tous sentiments de haine ou de jalousie étant écartés, c'est au tacticien seul qu'il conviendra de faire remonter la responsabilité des fautes commises.

A la suite de l'échec de Spicheren, la division Grenier, du 4° corps, fut appelée de Boucheporn à Saint-Avold en renfort de la division Decaen. Dans la soirée du 7 août, les forces directement soumises au commandement du maréchal Bazaine comprenaient donc :

La division Grenier 2° / 4°, à Saint-Avold :

La division Decaen 4° / 3°, à Saint-Avold,

La division Castagny 2° / 3°, à Guenwiller,

La division de cavalerie du 3° corps, à Saint-Avold,

Les réserves et convois du 3° corps, à Saint-Avold,

La division Montaudon 1re / 3°, à Puttelange,

La division Metman 3° / 3°, à Puttelange.

L'empereur ayant décidé, le 7, de grand matin, la retraite de toutes ses forces sur Châlons, le 4° corps dut se retirer, tout d'abord, sur Metz, le 2° corps sur Châlons, par la voie la plus directe, enfin le 3° corps, précédé de la Garde, sur la Nied allemande.

Le maréchal Bazaine rédigea, en conséquence, le 7, dans la matinée, une note d'après laquelle son chef d'état-major devait assurer, pour le lendemain, 8 août, la marche en retraite du 3° corps et de la 2° division du 4° corps, de Saint-Avold et de Puttelange sur les positions de la rive gauche de la Nied allemande, qui barrent les routes conduisant de ces deux localités vers Metz.

Muni de cette note, le chef d'état-major du 3e corps n'avait plus qu'à faire rédiger les ordres aux divisions d'après la méthode si défectueuse du major général Berthier.

La critique de cette méthode a trouvé son développement ailleurs (1) et ne peut figurer ici, faute de place.

La division de Castagny était, le 7 au soir, en position d'arrière-garde sur le plateau de Guenwiller, à 8 kilomètres au nord de Saint-Avold.

De tout temps, une division disposée entre l'ennemi et le corps à couvrir s'est appelée arrière-garde et, lorsque le gros du corps battait retraite, le suivait.

Cette disposition classique fut jugée trop simple.

Par ordre de Bazaine, la division Castagny, la plus rapprochée de l'ennemi, donc l'arrière-garde naturelle du 3e corps, va former l'avant-garde. A cet effet, elle quittera Guenwiller à 4 h. du matin, traversera Saint-Avold et s'engagera, la première, sur la route qui relie ce bourg à Fouligny-sur-Nied, son objectif.

La division Castagny devait être suivie des bagages, parcs, convois, réserves et services du 3e corps, ensuite viendrait la division Grenier, ayant derrière elle la division Decaen et, tout à fait en queue, la division de cavalerie Clerembault.

Si le mouvement des troupes sur la route de Saint-Avold à Metz se fût effectué sans complications provenant de l'intervention du maréchal Bazaine au début de la marche, la Nied allemande aurait était franchie au pont de Bionville :

Par la division Castagny, de 10 h. 1/2 à midi ;

    —   Grenier, de 2 h. 1/2 à 4 h. du soir ;

    —   Decaen, de 4 h. à 6 h. du soir ;

    —   Clerembault, de 6 1/2 à 7 h. du soir.

En fait, la division Castagny, partie de Guenwiller à 4 h. du matin, est arrivée à Fouligny (rive gauche de la Nied allemande) vers 5 heures du soir, ayant parcouru 24 kilomètres en 11 heures.

La division Decaen, sac au dos depuis 3 heures du matin, n'a quitté Saint-Avold que dans le courant de l'après-midi et n'a pu achever d'établir ses bivouacs près de Bionville que le 9 août, à 3 heures du matin.

____

(1) *De Rosbach à Ulm*, page 183. *La Manœuvre d'Iéna*, page 295.

EMPLACEMENTS DU 3e CORPS ET DE LA 2e DIVISION DU 4e CORPS, AVANT ET APRÈS LA MARCHE DU 8 AOUT.

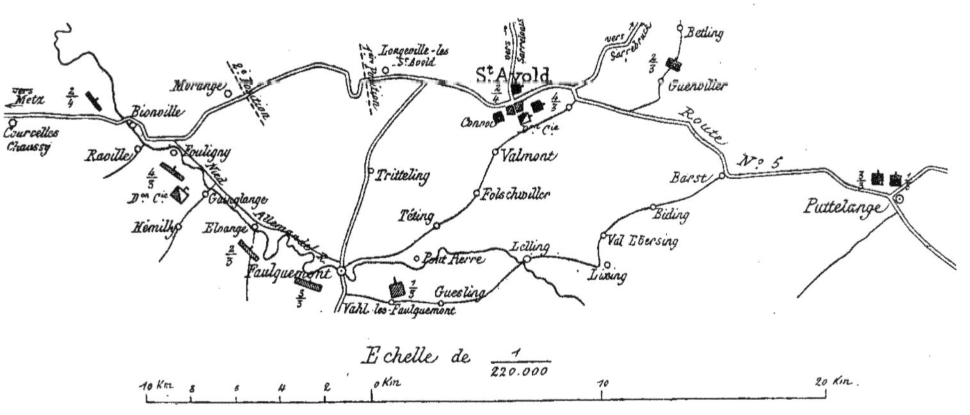

vers Sarrebruck
Betling
Longeville-les-St Avold
St Avold
Guenviller
vers Metz
Morange
Bionville
Connac
Cie
Route
Courcelles Chaussy
Raville
Pouligny
Valmont
Barst
N.o 5
Puttelange
Gueuglange
Tritteling
Folschwiller
Dion Cie
Hémilly
Téting
Biding
Elvange
Val Eversing
Faulquemont
Petit Pierre
Lelling
Lixing
Guesling
Vahl-les-Faulquemont

Echelle de 1 / 220.000
10 Km.   8   6   4   2   o Km   10   20 Km.

La division de cavalerie Clerembault s'est trouvée dans les mêmes conditions que la division Decaen.

Quel est donc l'événement survenu, pendant la marche du 8 août, à la colonne principale du 3e corps, qui a occasionné des retards aussi considérables ?

L'ennemi a-t-il poursuivi sur la route même?

Nullement !

Sa cavalerie a-t-elle harcelé sur leurs flancs les colonnes françaises en retraite ?

Pas davantage ! Et alors?

Pour comprendre les dispositions de marche en retraite que le maréchal Bazaine a prescrites de vive voix, le matin du 8 août, aux commandants des divisions appelées à utiliser la grande route de Saint-Avold à Raville, il faut se reporter au système imaginé et appliqué par le maréchal Bugeaud pour franchir un long défilé en retraite, lors de ses expéditions dans le Tell algérien.

En ce pays, la protection du convoi est l'objet principal. Si donc une colonne de 5 bataillons, par exemple, doit franchir un défilé de montagnes, long de 6 à 8 kilomètres, le convoi et le bataillon affecté à sa garde particulière suivent le fond du défilé, tandis que les 4 autres bataillons s'échelonnent, deux par deux, sur les flancs, de manière à couvrir le convoi contre toute surprise.

Dans ce but, les deux bataillons qui formeront plus tard l'arrière-garde partent les premiers, occupent les flancs du défilé et redescendent dans la gorge, seulement après que le convoi les a dépassés.

Ils sont relevés par les deux bataillons suivants, et chaque groupe de 2 bataillons protège le défilé sur une profondeur de 3 ou 4 kilomètres.

Le 8 août au matin, Bazaine, ignorant le rôle et les moyens d'action d'une arrière-garde dans la guerre d'Europe, fit une adaptation intempestive et maladroite du système Bugeaud aux terrains largement ouverts du pays lorrain.

Ses ordres verbaux furent :

La division Castagny 2e/3e, marchant en tête, prendra position en travers de la route, sur la position marquée par l'auberge de Longeville-lès-Saint-Avold, à 1500 m. ouest de cette localité, et y restera jusqu'à complet écoulement, à sa hauteur, des bagages, parcs, convois, réserves et services. Elle prendra la queue de ces impedimenta et sera remplacée sur sa position par la division Grenier 2e/4e. La division Castagny 2e/3e, parvenue à 4 kilomètres plus loin, près de Marange, se déploiera sur une deuxième position qu'elle occupera jusqu'au moment où elle sera relevée par la division Grenier 2e/4e, laquelle se laissera dépasser par la division Decaen 4e/3e et formera ensuite l'arrière-garde, conjointement avec la division de cavalerie.

A la suite de cette marche d'une durée de 12 heures, employée à parcourir une vingtaine de kilomètres, le maréchal Bazaine écrivit au major général :

« Tout s'est passé *avec ordre, très militairement, sans un coup de fusil.*

« L'ennemi s'est borné à faire occuper Saint-Avold par le 15e de Ulans.

« *Les troupes sont très fatiguées* et il est indispensable qu'elles fassent « séjour sur leurs positions. »

Le général de Clerembault, commandant la division de cavalerie du 3 corps, dans son compte-rendu de la marche du 8 août, s'exprimait ainsi :

« J'ai mis 11 h. 1/2 pour faire 18 kilomètres. Je ne réclame pas ; « *c'était aujourd'hui urgent et nécessaire* (!). »

Cette marche offre l'exemple le plus extraordinaire qui soit de la disproportion entre les efforts exigés de bonnes troupes et les résultats acquis par elles.

Bazaine voulait-il retarder la retraite de l'armée de Lorraine pour l'empêcher de dépasser Metz et la river à cette place de guerre ?

Un semblable calcul semble prématuré de sa part, sans être pour cela tout à fait invraisemblable.

S'il en fut ainsi, Bazaine s'est surpassé en l'art d'imposer au 3e corps d'armée des fatigues inutiles, tout en lui persuadant qu'elles étaient indispensables.

Mais nous inclinons à penser que la marche du 8 août révèle tout simplement la profonde incapacité tactique du commandant en chef des 2e, 3e et 4e corps.

Passons aux 1re et 3e divisions du 3e corps, arrivées, le 7 août, à Puttelange et appelées à marcher, le 8, vers la Nied allemande.

La note autographe du maréchal Bazaine, en date du 7 août, donnait comme itinéraire commun à ces deux divisions :

« La route de Puttelange à Barst et à Faulquemont (route n° 5) (1). »

_____

(1) La route n° 5 relie Sarreguemines à Saint-Avold, par Puttelange et Barst. Il y avait là une indication pour passer par Valmont, mais combien peu nette !

Cet itinéraire était indéterminé, car de Barst on peut aller à Faulquemont, soit par Marienthal, Valmont et Teting, soit par Biding, Val Ebersing et Guessling.

Pour le rendre précis, il suffisait d'ajouter au mot « Barst » un autre
nom de village : Marienthal ou Biding.

Pourquoi Bazaine ne l'a-t-il pas fait ?

Pourquoi a-t-il laissé à l'itinéraire prescrit un caractère indéterminé ?

L'itinéraire par Marienthal et Valmont était plus voisin de l'ennemi,
donc plus dangereux que celui par Biding, mais il présentait sur ce dernier l'avantage de rapprocher les 1ʳᵉ et 3ᵉ divisions de la colonne principale engagée sur la grande route de Forbach à Metz.

Que le général Metman, le plus ancien des deux divisionnaires établis
à Puttelange, choisisse l'itinéraire par Marienthal et Valmont, s'il lui
arrive malheur, le maréchal Bazaine sera en droit de lui dire :

« Pourquoi avez-vous pris la route la plus dangereuse ? Je vous avais
« ordonné de marcher par Barst sur Faulquemont. Le simple bons sens
« indiquait qu'il fallait passait par Biding. »

Ce n'est pas l'imagination pure qui nous a dicté ces paroles ; elles ont
été dites à maintes reprises et dans les sens les plus divers, à une époque où il était de règle de ne jamais donner d'ordres précis et de fournir
à leur place des prescriptions à double entente destinées à se couvrir,
en cas d'accident, aux dépens des sous-ordres.

Le général Metman, plein de méfiance... et de prudence, choisit l'itinéraire le plus éloigné de l'ennemi, par Biding et Val Ebersing.

Les divisions Metman et Montaudon atteignirent, l'une Faulquemont
(28 k.), l'autre Vahl-lès-Faulquemont (24 k.) entre 3 et 6 heures du soir,
ayant couvert l'étape à raison de 2.500 m. à l'heure, environ.

La note autographe de Bazaine pour la marche du 8 août contient
quelques prescriptions symptomatiques de sa mentalité professionnelle.

On y lit :

« Dans la marche, on devra bien se faire éclairer, se flanquer, *fouiller*
« *la lisière des bois* (1); quand ça sera nécessaire, *prendre position*, puis,
« dans le cas d'une attaque face à droite, la colonne de la route impé-
« riale (colonne principale venant de Saint-Avold) se formera rapide-
« ment à droite en bataille... la deuxième colonne (secondaire venant
« de Puttelange) se portant par des chemins latéraux derrière la première,
« afin de former une deuxième ligne.

« Si l'attaque vient de gauche, cela s'effectuera par un à gauche pour
« la deuxième colonne (secondaire), et la première (principale) fera por-
« ter en deuxième ligne les troupes nécessaires. »

Ce concept des dispositions à prendre, en cas d'attaque de l'ennemi
sur l'un ou l'autre flanc de la marche, est si élémentaire qu'on le croirait sorti du cerveau d'un enfant de troupe.

On se tromperait pourtant si l'on croyait le maréchal Bazaine au-des-
sous de la moyenne des généraux de son temps.

Bien au contraire, on doit le considérer comme un des mieux formés
sous le rapport de l'esprit et de l'expérience, et, si l'intelligence de la
guerre était restée chez lui à l'état rudimentaire, elle n'était pas assez
puérile pour se prêter à la rédaction d'un rapport dans le genre de celui
que lui adressa un de ses divisionnaires, le soir du 8 août 1870, et dont
voici le texte :

« 8 août, 8 h. 1/2 du soir.

« Voici les renseignements que l'on m'a donnés sur la présence de
« l'ennemi à Boulay ; *ils sont très authentiques, venant de* LA SŒUR *d'un*
« *chef d'escadrons de carabiniers, qui les tient d'une personne* qui a vu
« aujourd'hui le fait suivant :

« Treize Ulans se sont présentés à Boulay ; ils ne sont pas descendus
« de cheval, *se sont promenés avec ostentation en ayant l'air de narguer les*
« *habitants* et, en sortant, l'un d'eux a tiré en l'air un coup de feu. »

Bazaine généralissime

Le commandement en chef de l'Armée de Lorraine.

Bazaine avait été investi, le 5 août, on s'en souvient, de la direction supérieure des 2e, 3e et 4e corps d'armée, *pour les opérations seulement*, sans cesser de commander directement le 3e corps.

Cette disposition bâtarde dénotait chez l'empereur un grand trouble ou une profonde ignorance de la guerre. Il est difficile d'admettre en effet qu'un général en chef soit dépourvu de toute autorité pour ce qui touche à la discipline et à l'entretien des troupes.

D'autre part, la décision impériale du 5 août avait omis de fournir à Bazaine un état-major général chargé de le seconder.

Les inconvénients d'une organisation aussi défectueuse ne tardèrent pas à se manifester ; aussi, après trois jours d'hésitations, le 9 août, se décida-t-on à étendre les attributions de Bazaine à toutes les parties du service, à placer la Garde sous ses ordres, au même titre que les 2e, 3e et 4e corps, et à doter le nouveau commandant en chef d'un état-major général prélevé sur le personnel du grand quartier général. En outre, afin de libérer Bazaine de son commandement particulier, le général Decaen fut placé, le même jour, à la tête du 3e corps d'armée.

L'empereur se réservait le commandement plus nominal qu'effectif de l'armée du Rhin, comprenant les corps de Lorraine (2e, 3e, 4e et Garde), les corps d'Alsace (1er, 5e, 7e) alors en retraite sur Châlons, enfin la réserve stratégique constituée par le 6e corps au camp de Châlons.

Le même jour, 9 août, l'armée de Lorraine aux ordres de Bazaine prit position derrière la Nied française, parce que l'empereur voulait y attendre l'attaque de l'ennemi avec l'espoir de contrebalancer la supériorité numérique des Allemands par les avantages du terrain.

Le 10 août, la position fut tout d'abord maintenue, mais, dans la soirée, Napoléon III, craignant d'être tourné par les bois au nord, fit donner l'ordre à Bazaine de faire refluer les corps d'armée, le lendemain, sur Metz « pour occuper la position en avant (à l'est) des forts « Queulen et Saint-Julien, de la Seille à la Moselle ».

Le commandant de l'armée de Lorraine ne fut probablement pas étranger à la détermination de l'empereur si l'on en juge par la phrase suivante d'une instruction du major général (maréchal Lebœuf) au général commandant de l'artillerie de l'armée, en date du 10 août :

« D'après le mouvement des éclaireurs prussiens, le maréchal (Bazaine) « pense qu'il peut être attaqué demain matin sur les ailes et me signale « surtout les bois de Saint-Julien comme étant *le point de mire* (sic) de « l'ennemi. »

Le 11 août, d'assez bonne heure, l'armée de Lorraine se trouva campée sur un arc de demi-cercle débordant de 2 ou 3 kilomètres les forts de Queulen et Saint-Julien, le 2e corps à droite, le 3e corps au centre et derrière lui la Garde, enfin le 4e corps à gauche.

La journée du 12 août n'amena aucune modification à ce dispositif.

Ce jour-là, l'empereur, qui avait perdu en atermoiements les journées du 10, du 11 et du 12, se vit moralement contraint d'abandonner au maréchal Bazaine le commandement en chef de l'armée du Rhin, et, avant de le faire, il lui adressa, vers le milieu de l'après-midi, la lettre autographe qui suit :

« Plus je pense à la position qu'occupe l'armée et plus je la trouve « critique, car si une partie était forcée et qu'on se retirât en désordre, « les forts n'empêcheraient pas la plus épouvantable confusion.

« *Voyez ce qu'il y a à faire*, et, si nous ne sommes pas attaqués « demain, *prenons une résolution.* »

« Croyez à mon amitié. »
NAPOLÉON.

Ainsi, le 12, l'empereur se rendait bien compte de la fausse position de l'armée de Lorraine, mais, n'étant pas encore parvenu à se décider dans un sens quelconque, il sollicitait l'aide de Bazaine.

L'expression « prenons une résolution » est typique.

Le commandement en chef de toutes les forces du pays.

Un peu plus tard, vers 5 heures du soir, l'empereur se démit officiellement du commandement en chef de l'armée du Rhin.

Il y était poussé par l'opinion publique à la remorque des journaux

LA VILLE DE METZ ET SES ENVIRONS, EN 1870.

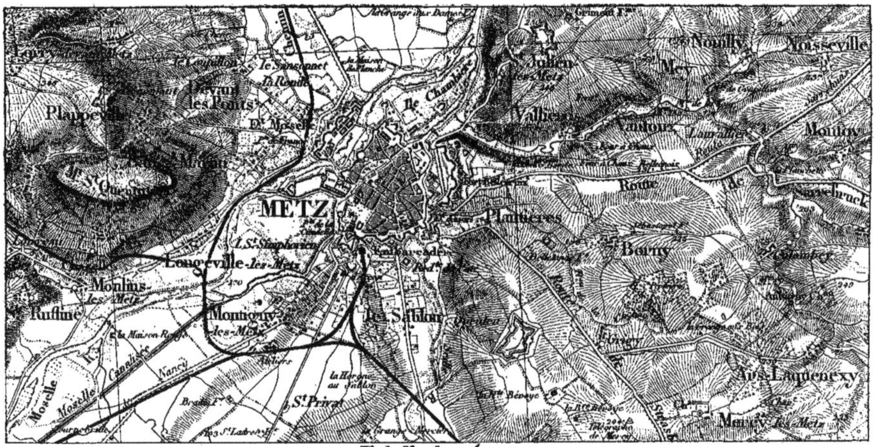

Echelle de $\frac{1}{80.000}$

de l'opposition, lesquels, depuis le 7 août, désignaient le maréchal
Bazaine comme le seul homme capable de réparer les fautes du début
de la campagne.

Tout concourait d'ailleurs à cette désignation : les intrigues menées à
Paris par la maréchale, l'intérêt des députés de l'opposition à diminuer
le pouvoir de Napoléon III, enfin le désir que manifestait l'entourage de
l'empereur de voir un autre que lui assumer éventuellement la responsabilité de nouveaux échecs.

En même temps, les fonctions de major général, occupées jusqu'alors
par le maréchal Lebœuf, furent supprimées et le général Jarras devint
le chef d'état-major général de l'armée du Rhin, ce qui revenait au
même sous une étiquette différente.

Ce choix machiavélique, que ni Bazaine ni Jarras n'auraient dû accepter, avait la prétention de faire concourir à la tâche commune deux
personnalités profondément antipathiques l'une à l'autre.

Il en résulta tout d'abord que Bazaine, au lieu de s'installer, le 12,
auprès du grand quartier général, resta, ce soir-là, ainsi que le 13 et
le 14, au château de Borny, ayant pour l'aider dans son commandement
la fraction de l'état-major général qui lui avait été attribuée, le 9 août.

Pendant ce temps, l'état-major général proprement dit se morfondait
à Metz dans la plus complète inaction, et il était défendu à son chef de
venir *prendre les ordres* du généralissime.

La préparation du passage de la Moselle.

Le 8 août, alors que l'empereur avait pris depuis la veille la résolution
bien éphémère de ramener toutes ses forces sur Châlons, ordre fut
donné en son nom au général Coffinières, récemment investi du commandement de la place de Metz, d'avoir à jeter le plus grand nombre
possible de ponts sur la Seille et les divers bras de la Moselle, en prévision de la retraite de l'armée vers la Meuse.

Cet ordre visait à considérer les corps de Lorraine comme une foule
qui, pour franchir une rivière, a besoin d'un grand nombre de ponts,
afin d'éviter l'encombrement. Mais si Bazaine et le grand quartier général eussent possédé la doctrine des marches d'armée, inaugurée par
Napoléon Ier, apprise à son école par le grand état-major prussien, enfin
enseignée à l'École supérieure de guerre depuis plus de quinze ans, les

corps de l'armée de Lorraine se seraient écoulés, le 13 et le 14 août, sur les ponts fixes existants, sans qu'il fût besoin de recourir à des ponts improvisés.

On disposait de trois ponts fixes sur la Moselle, indépendamment de ceux encore plus nombreux de la Seille ; c'étaient, en allant d'amont en aval, le pont d'Ars, situé à quelques kilomètres de Metz et, dans la ville même, le pont des Morts et le pont de Pontiffroy.

Il y avait aussi à Montigny, entre Ars et Metz, un pont du chemin de fer, peu accessible aux voitures à cause des traverses, mais susceptible d'être utilisé par l'infanterie et par la cavalerie.

Le 6ᵉ corps avait été appelé à Metz, et, du 11 au 13 août, trois de ses divisions y avaient débarqué du chemin de fer.

Conditions de la marche de Metz à Châlons

Admettons que le grand quartier général ait su faire marcher économiquement, dès le 13 de grand matin, l'armée de Lorraine pour la conduire des abords est de Metz sur Verdun et Châlons.

Il y avait lieu de former trois colonnes.

La colonne du Sud, composée du 2ᵉ corps (2 divisions d'infanterie (1) et 1 division de cavalerie), passant par le pont d'Ars, Gravelotte, Mars-la-Tour, etc..

La colonne du Centre, formée du 3ᵉ corps et de la Garde (ensemble, 6 divisions d'infanterie et 2 divisions de cavalerie) franchissant la Moselle au pont des Morts et marchant, par Moulins, Gravelotte, Conflans, etc...

La colonne du Nord, constituée par les 6ᵉ et 4ᵉ corps (ensemble 6 divisions d'infanterie et 1 division de cavalerie) allant par le pont Pontiffroy, Woippy, Sainte-Marie-aux-Chênes, Briey, etc...

Approximativement, les longueurs d'écoulement sont données par les chiffres suivants :

A la colonne du Sud	Impedimenta............	6ᵏ
	Troupes...............	12ᵏ
A la colonne du Centre	Impedimenta.........	12ᵏ
	Troupes.............	30ᵏ
A la colonne du Nord	Impedimenda..........	10ᵏ
	Troupes.............	24ᵏ

(1) Une des 3ᵉ divisions du 2ᵉ corps devait former la garnison de Metz.

Les troupes devant être précédées de leurs impedimenta, ainsi qu'il est de règle dans toute retraite, les 2 divisions de la réserve de cavalerie eussent été chargées d'escorter les trains, parcs et convois formant les premiers éléments des colonnes.

Dans ces conditions et en supposant, le 13 et le 14, une étape de 30 kilomètres pour les éléments de tête, on arrive à établir le tableau de la page 138.

Sans exiger des efforts extraordinaires de la part des colonnes (impedimenta et combattants), on voit, d'après le tableau qui suit, que, le 14 au soir, les arrière-gardes établies à Mars-le-Tour, Doncourt et Sainte-Marie-aux-Chênes n'eussent rien eu à redouter de l'ennemi, car c'est le 15 seulement que les premières troupes de cavalerie allemande, passées sur la rive gauche de la Moselle, le 13 et le 14, exécutèrent, en partant de Thiaucourt, une vaste reconnaissance vers les localités situées sur la route de Metz à Verdun, depuis Mars-la-Tour jusqu'à Hannonville, et c'est le 16 seulement que deux corps d'armée allemands (IIIe et X[e]) furent à même de combattre, à l'ouest de Metz, vers Vionville.

L'armée de Lorraine continuant sa marche, le 15 et les jours suivants, conformément à la méthode napoléonienne de l'échelonnement des bivouacs ou cantonnements, cette armée eût conservé sa liberté d'opérations jusqu'au moment où des circonstances favorables auraient dicté au commandement suprême la résolution de combattre.

Organisation hypothétique des deux premières marches de l'armée de Lorraine en quittant Metz

Stationnements après la marche du 13 août

COLONNES ET CORPS D'ARMÉE	IMPEDIMENTA		TROUPES			OBSERVATIONS
	TÊTES	QUEUES	TÊTES	QUEUES	ARRIÈRE-GARDE	
Colonne du Sud, 2ᵉ corps. (1)	Vionville	Rezonville	Ars-s.-M.	Magny	Peltre-Mercy (2)	(1) La division de cavalerie du 2ᵉ corps est en flanc-garde, à Novéant et Gorze. (2) L'arrière-garde du 2ᵉ corps est faite par la division de cavalerie du 3ᵉ corps. (3) L'arrière-garde de la colonne du Centre est faite par la division de cavalerie de la Garde. (4) L'arrière-garde de la colonne du Nord est faite par la division de cavalerie du 4ᵉ corps (le 6ᵉ corps n'a ni cavalerie ni réserve d'artillerie).
Colonne du Centre, 3ᵉ corps et Garde.	Doncourt	Gravelotte	Rozerieulles	Borny	Ars-Laquenexy Coincy (3)	
Colonne du Nord, 6ᵉ et 4ᵉ corps,	Sainte-Marie-aux-Chênes	Saulny	Woippy	Villers-l'Orme	Antilly-Ste-Barbe Château-de-Gras (4)	

Du 14 Août

COLONNES ET CORPS D'ARMÉE	TÊTES	QUEUES	TÊTES	QUEUES	ARRIÈRE-GARDE	OBSERVATIONS
Colonne du Sud, 2ᵉ corps. (1)	Manheulles	Pintheville	Harville	Suzémont	Mars-la-Tour (2)	(1) La division de cavalerie du 2ᵉ corps est en flanc-garde, vers Woell. (2) L'arrière-garde du 2ᵉ corps est faite par la division de cavalerie du 3ᵉ corps. (3) L'arrière-garde de la colonne du Centre est faite par la division de cavalerie de la Garde. (4) L'arrière-garde de la colonne du Nord est faite par la division de cavalerie du 4ᵉ corps.
Colonne du Centre, 3ᵉ corps et Garde.	Etain	Buzy	Olley	Jarny	Doncourt (3)	
Colonne du Nord, 6ᵉ et 4ᵉ corps.	Rouvres	Mouaville	Fléville	Briey	Sainte-Marie-aux-Chênes (4)	

OBSERVATIONS GÉNÉRALES. — En supposant le départ des divisions de la réserve de cavalerie chaque matin à 4 heures, celui des impedimenta à 4 h. 1/2, un battement de 4 k. entre les queues des impedimenta et les têtes des troupes, enfin une vitesse de 3600 mètres à l'heure, toute personne ayant quelque pratique des marches peut très facilement remplir des tableaux de marche indiquant, le 13 et le 14, pour chaque colonne, les heures de départ et d'arrivée des divers éléments qui la composent.

COLONNES HYPOTHÉTIQUES DE L'ARMÉE DE LORRAINE, LE 13 AOUT,
A L'ISSUE DE LA MARCHE.

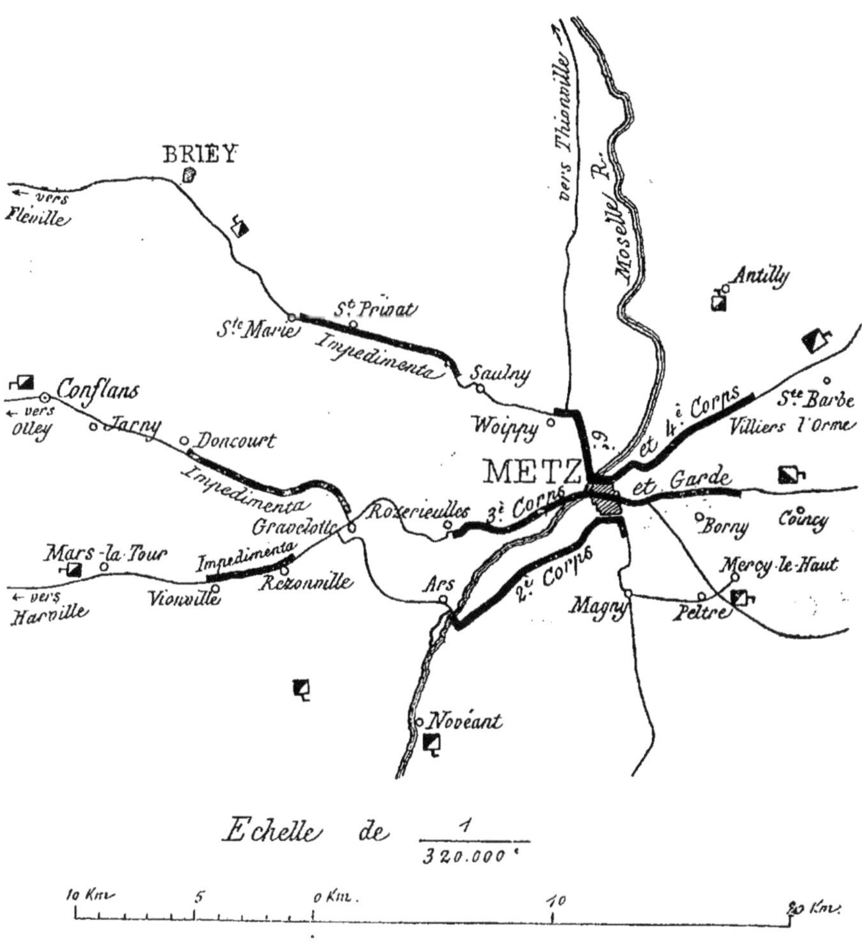

Echelle de $\dfrac{1}{320.000^e}$

IV

LE PASSAGE DE LA MOSELLE'

Instructions du maréchal Bazaine.

Revenons maintenant à la triste réalité. C'est seulement le 13 août, de grand matin, que Bazaine se préoccupa de faire franchir la Moselle à son armée.

Dans ce but il élabora, sur l'heure, un document connu sous le titre : « *Instructions du maréchal Bazaine* », qui porte la date du 13 août.

Ces instructions, trop longues à reproduire ici, concernaient le général Jarras, auquel était réservée la mission de faire établir les ordres de mouvement des grandes unités. Elles devaient, dans l'esprit du maréchal, assurer dans de bonnes conditions :

1° La préparation du passage, à travers la ville de Metz, des bagages et convois de la Garde et du 3ᵉ corps, à diriger, par les deux ponts fixes, vers le Ban-Saint-Martin, où ils se rassembleraient, à partir de 2 heures de l'après-midi ;

2° Le départ, à 1 heure du soir, des deux divisions de la réserve de cavalerie campées, l'une (la 1ʳᵉ) au Ban-Saint-Martin (R. G.), l'autre (la 3ᵉ) à Montigny (R. D.), pour se rendre à Gravelotte, d'où elles repartiraient, le lendemain matin, dans la direction de Verdun en employant les deux routes passant par Mars-la-Tour (3ᵉ division) et Doncourt (1ʳᵉ division) ;

3° Le passage de la Moselle, sur les ponts de circonstance, des bagages et convois du 2ᵉ corps (ponts d'amont), du 4ᵉ corps (ponts d'aval) et d'une division du 6ᵉ corps (1) (ponts d'amont), puis leur rassemblement sur des emplacements situés à proximité de la rivière ;

4° L'itinéraire des 2ᵉ et 6ᵉ corps en une seule colonne, par Moulins, Gravelotte, Mars-la-Tour, et celui des 3ᵉ et 4ᵉ corps formant une autre colonne à laquelle serait adjointe éventuellement la Garde, par Conflans,

(1) Le 6ᵉ corps avait 2 divisions près de Woippy, une division dans les forts et une division au sud de Metz, entre le fort Queulen et le village de Montigny. Cette dernière division se trouvait donc très rapprochée du 2ᵉ corps.

Etain. Ce second itinéraire, depuis Metz jusqu'à Conflans, était *volontairement indéterminé* ;

5° Le passage probable des troupes, le soir même, sur les ponts fixes et autres, en profitant du clair de lune.

En résumé, les deux divisions de la réserve de cavalerie devaient commencer le mouvement de retraite à une heure de l'après-midi ; les bagages, parcs et convois franchiraient ensuite la Moselle, à partir de 2 heures du soir, sur tous les ponts disponibles, pour aller parquer près de leurs débouchés, enfin les troupes entameraient le passage, au lever de la lune (11 h. du soir), celles du 2e corps et d'une division du 6e, sur les ponts improvisés d'amont, celles du 3e corps et de la Garde, sur les deux ponts fixes de la ville, et celles du 4e corps sur les ponts improvisés d'aval.

On croit sans doute que, les deux divisions de la réserve de cavalerie devant se mettre en marche à une heure de l'après midi, Bazaine s'empressa d'expédier ses instructions au général Jarras aussitôt qu'elles eurent été rédigées.

Il n'en fut rien, et leur envoi n'eut lieu que le lendemain matin, 14 août, après qu'on eut ajouté, sur l'expédition destinée au grand quartier général, une courte phrase pour annoncer le départ immédiat d'ordres particuliers de mouvement à l'adresse des 2e et 4e corps.

Les instructions du maréchal Bazaine, datées du 13, mais expédiées le 14 au matin, ne répondaient plus à la situation quand les intéressés les reçurent, en sorte qu'au lieu de faciliter leur tâche elles furent pour eux une cause de trouble.

Pourquoi Bazaine a-t-il retardé de vingt-quatre heures l'expédition de ses ordres pour le passage de la Moselle?

Pour nous, c'est qu'il hésitait à se conformer aux intentions que l'empereur avait manifestées, la veille, dans le sens de la retraite immédiate de l'armée sur Verdun.

Le prestige dont jouissait le haut commandement prussien depuis Sadowa, la connaissance des effectifs allemands, plus que doubles des nôtres, les défaites de Wissembourg, de Freschwiller et de Spicheren, enfin les résultats lamentables de la manœuvre en retraite du 3e corps, le 8 août, toutes ces causes déprimantes agissaient sur Bazaine, dont le caractère et la capacité étaient faibles.

Au fond, celui-ci se sentait bien incapable de diriger, *en rase campa-*

gne, les opérations de 5 corps d'armée et de 6 divisions de cavalerie, surtout pendant une longue retraite que l'ennemi s'efforcerait d'enrayer dans le but d'obtenir une bataille dont l'issue ne pouvait être douteuse.

Instances de l'empereur pour activer le passage.

Le 13 août, vers onze heures du matin, Bazaine alla voir l'empereur à Metz. L'entretien eut lieu entre midi et une heure. Rien n'en a transpiré, mais on est en droit de penser que l'empereur obtint du maréchal que le passage de la Moselle commençât le plus tôt possible.

Dans le courant de l'après-midi, probablement vers 4 heures, l'empereur écrivit au maréchal Bazaine une courte lettre annonçant la présence des Prussiens à Pont-à-Mousson ainsi qu'à Corny, et se terminant par ces mots :

« *Il n'y a pas un moment à perdre pour faire le mouvement arrêté.* »

Le maréchal répondit seulement vers 7 h. du soir en termes qui indiquent de sa part une mauvaise foi insigne :

« J'ai reçu l'ordre de V. M. de hâter le mouvement de passage sur la « rive gauche de la Moselle, mais le général Coffinières, qui est en ce « moment avec moi, m'affirme que, malgré toute la diligence possible, « les ponts seront à peine terminés demain matin.

« D'un autre côté, l'intendant déclare ne pouvoir faire les distribu- « tions immédiatement.

« Je n'en donne pas moins des ordres pour que l'on reconnaisse les « abords et les débouchés des ponts et pour que l'on se tienne prêt à « commencer le mouvement demain matin. »

Déjà, le 13, Bazaine voulait s'accrocher à la place de Metz, et toute pensée de retraite sur Verdun et Châlons était loin de son esprit.

Un général en chef donnant pour cause de retard l'impossibilité d'opérer les distributions immédiatement. Quel argument misérable !

L'empereur, bien que peu militaire, ne s'y trompa pas, et, le soir même, à 11 heures, il répondit à Bazaine :

« Quant aux distributions, on pourra les faire sur la rive gauche... »

Que penser de l'ordre donné, le 13, à 7 h. du soir, de faire reconnaître les abords des ponts quand, investi du commandement suprême depuis la veille au soir, Bazaine savait, à ce moment, que tout commandait de se retirer, au plus tôt, vers l'intérieur du pays ?

La lettre que nous venons de reproduire constitue l'une des preuves les plus fortes de l'intention bien arrêtée qu'avait déjà, à la date du 13, le maréchal Bazaine de ne point s'éloigner de Metz.

Velléités d'offensive vers l'est.

Les ordres auxquels le commandant en chef faisait allusion dans sa lettre de 7 h. au soir à l'empereur, ordres qui furent expédiés vers la même heure, se composaient d'une lettre aux 2ᵉ et 4ᵉ corps et de prescriptions s'adressant à toute l'armée.

Les 2ᵉ et 4ᵉ corps devaient faire reconnaître les ponts à leur portée et se préparer à les franchir quand la lune serait assez haute (1); on ajoutait, en post-scriptum, que le mouvement ne pourrait probablement se faire que le lendemain, 14 août.

Les prescriptions générales commençaient ainsi :

« L'armée se tiendra prête à se mettre en mouvement demain, 14 cou« rant, à 5 heures du matin. »

· Elles contenaient des ordres de détail concernant les distributions de vivres, la visite des malingres à laisser à Metz, etc., et se terminaient par ces mots, qui reviennent fréquemment sous la plume de Bazaine :

« Des ordres définitifs de départ seront ultérieurement donnés. »

A supposer que le maréchal Bazaine ait eu réellement l'intention, le 13, à 7 h. du soir, de faire franchir la Moselle le lendemain à son armée, un brusque revirement se produisit, moins d'une heure plus tard, dans son esprit.

Vers 8 heures du soir, en effet, l'ordre ci-dèssous fut expédié, par Bazaine, aux commandants de corps d'armée :

« Général,

« Demain dimanche, 14 août, à *4 heures 1/2 du matin*, toutes vos « troupes devront être prêtes à exécuter un ordre de mouvement; les « chevaux seront sellés, les voitures chargées. »

Les destinataires ne virent dans cet ordre qu'une avance d'une demi-

---

(1) Cet ordre, à lui seul, démontre que les « Instructions du maréchal », en date du 13 au matin, n'avaient pas encore été lancées, le soir à 7 heures.

heure sur les préparatifs de départ, prescrits à 7 heures, en vue du passage de la Moselle, mais, à 9 heures, partirent à leur adresse des télégrammes rédigés en ces termes :

« Tenez vos troupes prêtes demain matin, *à 4 heures*, LES TENTES RES-
« TANT TENDUES. »

Il ne s'agissait donc plus que d'une expédition de vingt-quatre heures au plus, à diriger contre les forces prussiennes signalées, le jour même, sur la Nied française.

A la suite de cette expédition et quel qu'en dût être le résultat, l'armée française reprendrait ses positions, à l'est de Metz, dans le rayon d'action des forts.

Si l'on pouvait conserver des doutes sur cet étrange projet, la lettre suivante, transmise, un peu après 9 heures du soir, à l'empereur, suffirait à les dissiper :

« L'ennemi paraissant se rapprocher de nous et vouloir surveiller nos
« mouvements, de telle façon que le passage à effectuer sur la rive gau-
« che pourrait entraîner un combat défavorable pour nous, il est préfé-
« rable, soit de l'attendre dans nos lignes, soit d'aller à lui par un mou-
« vement général d'offensive.

« *Je vais tâcher* (!) d'avoir des renseignements sur *les positions qu'il*
« *occupe* et sur *l'étendue de son front*. J'ordonnerai alors les mouvements
« que l'on devra exécuter et j'en rendrai compte immédiatement à
« Votre Majesté. »

Dans ce factum, Bazaine retournait contre l'empereur les termes de la lettre qu'il avait reçue de lui, le 12 août, dans laquelle était exposée la situation critique de l'armée, au cas où celle-ci serait attaquée durant son passage de la Moselle.

Et tout cela pour gagner du temps — et ici le mot « gagner » est synonyme de « perdre » — jusqu'au jour où les IIe et IIIe armées allemandes, que l'on savait sur le point d'atteindre, respectivement, Pont-à-Mousson et Nancy, se seraient avancées assez loin à l'ouest de la Moselle pour imposer virtuellement à l'armée de Lorraine son maintien dans le camp retranché de Metz.

Bazaine annonce qu'il va *tâcher* d'avoir des renseignements sur *les positions qu'il* (*l'ennemi*) *occupe* et sur *l'étendue de son front*.

En cela, il prête ses propres erreurs à l'ennemi, lequel n'occupe pas de positions, et, par suite, n'offre aucun front mesurable.

Contrairement aux idées arriérées du maréchal Bazaine et des généraux français de son temps, les six divisions d'infanterie, dont se compose la Ire armée allemande arrivée, le 13, sur les deux Nied, sont réparties, chacune étant concentrée, sur des espaces aussi profonds que larges, se couvrent, à grande distance, par de fortes avant-gardes fournissant elles-mêmes des avant-postes mixtes, et ces divisions ne se déploieront pour former un front de combat qu'au moment où les Français prononceront leur attaque, ici ou là, sur quelque direction que ce soit.

La lettre que nous venons d'analyser montre une fois de plus que, le 13, Bazaine ne voulait déjà plus s'éloigner de Metz et que les allégations données par lui à l'empereur pour expliquer les retards apportés au passage de la Moselle étaient toutes plus fallacieuses les unes que les autres. En outre, cette lettre contient implicitement un aveu d'incapacité, par les dispositions linéaires que son auteur prête faussement à l'ennemi.

Bazaine se sentait hors d'état de tenir la campagne, mais n'osait le dire, et il abritait son insuffisance professionnelle derrière des mots vides de sens.

Le sentiment qui portait le commandant en chef à rester lié à la place de Metz, sentiment qu'il n'a jamais avoué, était d'ailleurs partagé, sous l'empire de préoccupations assez différentes, par la majorité des généraux, estimant que l'armée de Lorraine, abritée dans le camp retranché de Metz, occuperait, par rapport aux lignes d'invasion allemande, une position de flanc extrêmement redoutable.

On va franchir la Moselle.

Entre 11 heures et minuit, le maréchal Bazaine reçut de l'empereur une lettre le sollicitant, en termes très pressants, de hâter le passage de la Moselle, par suite d'un télégramme de l'impératrice, parti de Paris à 7 heures du soir, et dans lequel on signalait, comme absolument certains, des mouvements de l'ennemi pour couper à l'armée de Lorraine les routes conduisant à Metz et à Verdun.

Bazaine ne pouvait dès lors plus se dérober. Il renonça donc au projet de lancer, le lendemain matin, son armée équipée à la légère contre les positions (!) de la Nied française et se décida enfin à expédier ses instructions datées du 13, mais seulement le lendemain matin, car le repos de la nuit était pour lui chose sacrée.

Moyens de passage.

Un peu plus tard, vers minuit, parvint au maréchal Bazaine un rapport du général Coffinières, gouverneur de Metz, au sujet de la praticabilité des ponts de circonstance, construits en amont et en aval de la ville.

Ce rapport très important peut se résumer ainsi :

1º — Les 3 ponts fixes de Pontiffroy (Metz, aval), des Morts (Metz, amont) et du chemin de fer (Montigny-lès-Metz) n'ont jamais cessé d'être utilisables.

2º — Les 3 lignes de ponts improvisés d'amont ne seront praticables à l'infanterie que le 14 à midi.

3º — Les 2 lignes de ponts improvisés d'aval sont à la disposition immédiate de l'infanterie.

4º — Les voitures ne pourront franchir la Moselle que sur les 2 ponts fixes de Metz.

Depuis le 11 août, l'armée de Lorraine, on le sait, était campée en demi-cercle, face à l'est, à demi-portée de canon des forts de la rive gauche, le 2e corps et partie du 6e, à l'aile droite, ayant derrière eux les ponts improvisés d'amont, le 3e corps, la Garde derrière lui, en avant (à l'est) de Metz, enfin le 4e corps, à l'aile gauche, disposant des ponts d'aval jetés de part et d'autre de l'île Chambière.

Au reçu du rapport du gouverneur, Bazaine, qui se voyait contraint d'effectuer le passage de la Moselle, aurait dû dicter des dispositions pour utiliser, à partir de 4 heures du matin, les 3 ponts fixes de Metz et de Montigny, ainsi que les ponts improvisés d'aval, puis, à midi, ceux d'amont. D'après de telles dispositions, toute l'armée aurait franchi la Moselle, le 14, avant la tombée de la nuit, mais, le 13, entre onze heures et minuit, quand il reçut le rapport du général Coffinières, le maréchal était au lit et fort mal disposé à se lever pour le travail.

A demain les affaires sérieuses ! pensa-t-il, et le sommeil le reprit.

La journée du 13 août fut donc entièrement perdue pour le passage de l'armée de Lorraine sur la rive gauche de la Moselle ; or, à ce moment de la campagne, les heures avaient une valeur incalculable.

Ce résultat négatif est, pour la plus grande part, imputable à l'incapacité et à la paresse du maréchal Bazaine.

Ordres d'exécution pour le passage des convois.

En recevant, le 14, vers 7 heures du matin, « les instructions du maréchal Bazaine » datées du 14, le général Jarras dut être plongé dans une cruelle perplexité.

Séparé de son chef, il ne pouvait distinguer, dans ce document, les parties valables de celles qui ne l'étaient plus, et il ignorait, d'autre part, le contenu des ordres expédiés, le matin même, de très bonne heure, aux 2° et 4° corps. Dans ces conditions, pour ne pas apporter de retard au passage de la Moselle, le général Jarras crut ne pas devoir faire rédiger d'ordres de mouvement, et il se contenta de faire copier les instructions du maréchal Bazaine, puis de les envoyer, telles quelles, aux commandants des corps d'armée. Le seul travail que se réserva le général Jarras fut d'écrire, par ordre, au général du Barrail pour assurer la mise en mouvement de deux divisions de la réserve de cavalerie, à une heure de l'après-midi, sur Gravelotte.

L'annonce de l'envoi d'ordres particuliers au 2° et au 4° corps, qui figure dans les instructions portant la date du 13 août, y a été ajoutée, nous l'avons déjà dit, le 14 au matin

Ces ordres particuliers parvinrent aux intéressés vers 6 heures du matin. Ils prescrivaient la marche immédiate des convois et voitures d'artillerie à travers la ville sans indication d'itinéraires et leur rassemblement sur la rive gauche, après avoir franchi le grand bras de la Moselle au pont des Morts (2° corps) et au pont Pontiffroy (4° corps).

Aucune mesure de police n'avait pu être prise, faute de temps, par le chef de l'état-major général, en sorte que les convois du 2° et du 4° corps s'engagèrent, pêle-mêle, dans les rues de Metz, qu'ils ne tardèrent pas à encombrer.

Entre 8 h. et 9 h. du matin, le maréchal Bazaine fit expédier, du château de Borny, au général Bourbaki, commandant de la Garde, la lettre suivante :

  « Mon cher général,

« Donnez des ordres pour que les bagages de votre corps d'armée

« soient en mesure de se diriger sur Metz pour aller se masser au Ban-
« Saint-Martin à 1 h. de l'après-midi. »

Une lettre identique fut adressée au général Decaen, chef du 3e corps.

Le général Bourbaki comprit que les bagages (et convois) de la Garde
devaient être *massés* au Ban-Saint-Martin, *pour* 1 h. de l'après-midi.

Le général Decaen interpréta l'ordre dans le sens de *l'arrivée* des premières voitures du 3e corps au Ban-Saint-Martin, *à* 1 h. de l'après-midi.

En conséquence, les impedimenta de la Garde furent mis en mouvement, à 9 h. 1/2, et ceux du 3e corps, à 11 heures.

Le maréchal Bazaine avait indiqué fautivement la même heure à la
Garde et au 3e corps, mais les commandants de ces corps d'armée se
concertèrent, selon toute apparence, pour que le mouvement des convois
fût successif, en commençant par ceux de la Garde.

Toutefois, le départ des convois de la Garde était prématuré, car les voitures du 2e corps obstruaient encore les rues de Metz quand celles de la
Garde pénétrèrent dans la ville.

Le maréchal Bazaine reconnut son erreur, mais trop tard, dans la lettre
ci-dessous, adressée, vers 11 heures, au commandant de la Garde :

« Mon cher général,

« C'est par erreur que j'ai désigné 1 heure pour le départ de vos ba-
« gages ; c'est à 2 h. qu'ils doivent se mettre en mouvement derrière
« ceux du 3e corps. »

Cette fois, le désordre allait dépasser toutes les bornes, puisque les
bagages du 3e corps, qui marchaient derrière ceux de la Garde, devaient
au contraire les précéder.

Inutile de dire que la lettre rectificative de Bazaine n'eut d'autre effet
que de jeter le trouble dans les esprits, l'inversion dans la marche des
convois étant devenue impossible.

Le maréchal Bazaine avait compté sur une heure d'écoulement pour
les bagages et convois du 3e corps, alors que cette durée étaient réellement de 2 h. 1/2.

Son ordre portant de « se diriger sur Metz pour aller se masser au Ban-
« Saint-Martin à 1 h. de l'après-midi » était fautif et aurait dû être : « se
« diriger, à 1 h. de l'après-midi, sur Metz pour aller se masser au Ban-
« Saint-Martin. »

Les détails de rédaction des ordres ont à la guerre une importance capitale. Dans l'espèce, les ordres à la Garde et au 3e corps pour le départ de leurs convois font ressortir la légèreté d'esprit de Bazaine, et, pour tout dire, son incapacité.

Ordres d'exécution pour le passage des troupes.

À 11 h. 55 du matin, Bazaine, sachant les ponts improvisés d'amont prêts à supporter le passage de l'infanterie du 2e corps, expédia, du château de Borny, au général Frossard ce télégramme :

« Vous pouvez commencer votre mouvement *par votre droite* et aller
« vous établir sur la route de Verdun (1), *si vous le pouvez aujourd'hui,*
« sinon sur le plateau de Jussy-Rozerieulles. »

Vers midi, le général de Ladmirault, commandant du 4e corps, reçut de son côté du maréchal Bazaine un télégramme ainsi conçu :

« Vous pouvez commencer votre mouvement *par votre gauche.* Vous
« irez vous établir, *si vous le pouvez,* sur la route de Conflans, sinon vous
« prendrez position en arrière, de manière à ce que vous puissiez prendre
« la route de Conflans demain matin. »

Cette dépêche est pleine de réticences. Le mot de Gravelotte n'y figure pas, et cependant, tout y indique que c'est par ce village que le 4e corps doit passer pour atteindre la route de Conflans.

C'est toujours, en présence d'une difficulté, l'emploi du *système d'in-détermination voulue,* afin de pouvoir faire retomber sur les sous-ordres la responsabilité d'événements fâcheux.

Dans le cas présent, il était de toute évidence que le 4e corps ne pourrait, le jour même, ni le lendemain matin, atteindre la route qui, de Gravelotte, se dirige sur Conflans, attendu que la section de route Metz-Gravelotte devait être suivie tout d'abord par les 2e et 6e corps d'armée.

Au reçu du télégramme de midi, le commandant du 4e corps se résolut à faire camper ses troupes dans la soirée aux environs de Moulins-lès-Metz et il en informa ses divisionnaires ; mais le combat de Borny, engagé vers 4 heures du soir, ne permit pas au général de Ladmirault de mettre son projet à exécution.

______

(1) Par route de Verdun, il faut sous-entendre la section de route au delà (à l'ouest) de Gravelotte.

Le 2e corps avait l'ordre de rompre en retraite *par la gauche*, le 4e corps *par la droite* et, un peu plus tard, le 3e corps *par les deux ailes*.

Le mouvement général de retraite aurait dû être protégé par 3 fortes arrière-gardes en position, pendant la durée du passage de la Moselle par les gros, et s'écoulant à leur tour, une fois leur mission terminée.

Mais l'instruction tactique du maréchal Bazaine, comme celle de ses généraux, ne dépassait pas la connaissance des règlements d'exercices de leurs temps qui tous étaient basés sur l'ordre linéaire antérieur aux guerres de la Révolution et du premier Empire.

Ainsi, aux évolutions de ligne de l'infanterie, quand il s'agissait de faire passer à 5 ou 8 bataillons déployés en bataille un défilé situé derrière le centre, le général ordonnait :

En arrière par les deux ailes passez le défilé. A ce commandement, les chefs des bataillons des ailes commandaient :

En arrière par l'aile droite (gauche) passez le défilé. Marche.

Le mouvement s'exécutait, processionnellement, de proche en proche jusqu'au bataillon du centre qui se retirait le dernier.

Cette évolution avait été inventée sur ses vieux jours par le grand Frédéric, aux manœuvres de Postdam, dans le but de s'amuser aux dépens des nombreux officiers étrangers accourus de toutes parts pour s'instruire à l'école du maître de la tactique prussienne.

Or, un siècle plus tard, un maréchal de France en était réduit, par manque d'instruction militaire élevée, à reproduire, en face des Prusiens de 1870, élèves de Napoléon Ier, un mouvement pseudo-frédéricien que nul général digne de ce nom n'avait encore employé à la guerre.

Il ne reste pas trace des ordres prescrivant à la Garde et au 3e corps d'entamer avec les troupes le mouvement de retraite convenu sur Metz et au delà de la Moselle, en utilisant les 2 ponts fixes de la ville.

On peut croire que ces ordres ont été expédiés du château de Borny, un peu après 2 heures, car les dispositions de retraite, en ce qui concerne les combattants commencèrent, à ces deux corps d'armée, **vers 3 heures** de l'après-midi.

A 3 h. 5' le maréchal Bazaine adressa au commandant de la Garde le télégramme ci-après :

« *Déjà* (?) le 2e corps, s'il ne peut pousser plus loin, doit camper à hau-
« teur de Jussy et Rozerieulles, ayant derrière lui le 6e corps.

« *Je crois* (!) que le meilleur emplacement pour vous (1) serait en
« arrière de Longueville, devant les ponts et le fort Moselle, si, comme
« j'en ai donné l'ordre, ce terrain est libre. *Vous savez* (?) que vous devez
« suivre demain la route de Verdun, par Mars-la-Tour. »

D'après ce télégramme, la Garde allait rompre sur la route de Strasbourg et pénétrer dans Metz, par la porte Moselle, puis franchir la
Moselle au Pont-des-Morts (pont d'amont).

Sans doute au même moment, le maréchal Bazaine fit expédier au
commandant du 3e corps un télégramme concernant ses points de passage de la Moselle et son lieu de rassemblement consécutif, si l'on en
juge par la note suivante, que le général Decaen adressa, un peu après
3 heures du soir, à ses divisionnaires.

« Les derniers ordres de M. le Maréchal sont que le 3e corps campe
« au dehors de Metz sur la route de Thionville (rive gauche), face au nord,
« à cheval sur le chemin de fer, la droite à la Moselle...

« Il désire, *si cela est possible,* que les colonnes Aymard (4e division)
« et aussi Castagny (2e division) soient dirigées sur Saint-Julien-lès-
« Metz pour y passer la Moselle sur les ponts dont s'est servi le général
« Ladmirault (4e corps).

« Les colonnes Metman (3e division) et Montaudon (1re division) iront
« passer la Moselle à Metz au pont Pontiffroy (pont d'aval), ainsi que la
« cavalerie.

« La division Montaudon (2) (1re division) va prendre la route de Sar-
« relouis (3), et la division Metman (3e division) la suivra. »

Aux termes de la note qui précède, les deux divisions de gauche (2e et
4e) du 3e corps appuieront au nord, de Colombey sur Vantoux, et iront
passer la Moselle sur les ponts de l'île Chambière, tandis que les deux
divisions de droite (1re et 3e) rejoindront la route de Sarrelouis, à la
ferme des Bordes, en partant de Grigny et de la Grange-aux-Bois et en
passant par Borny, puis pénétreront dans Metz.

Le combat de Borny ne permit pas l'exécution des mesures projetées
pour la retraite du 3e corps, mesures qui, si elles eussent été exécutées,
auraient eu pour effet d'atténuer l'encombrement chaotique qui se pro-

(1) Le soir même.
(2) Cette division tenait la droite du 3e corps, face à l'est, c'est-à-dire à l'ennemi.
(3) La route de Sarrelouis pénètre dans Metz par la porte des Allemands.
(4) La division Metman était en position à la gauche de la division Montaudon,
en faisant face à l'est.

duisit dans les rues et aux ponts fixes de Metz durant la nuit tristement célèbre du 14 au 15 août.

Stationnements prévus pour le 14 août au soir.

Admettons par la pensée que le combat de Borny n'ait pas eu lieu. .

La mise en œuvre des instructions et ordres du maréchal Bazaine, expédiés, le 14 août, entre 6 heures du matin et 3 heures de l'après-midi, aurait produit le résultat que voici :

Toute l'armée, y compris ses bagages, parcs et convois, concentrée sur la rive gauche de la Moselle, occupe, avec 160.000 hommes, 30.000 chevaux et 4.000 voitures, une surface de 900 hectares environ.

Il faut voir par l'imagination une telle foule agglomérée sur une bande de terrain équivalant, comme étendue, à un carré de 3.000 mètres de côté, pour se rendre compte de la perfidie ou de l'incapacité qui a présidé aux dispositions du stationnement de l'armée de Lorraine, à effectuer, le 14, avant la nuit. Pour faire passer l'armée de son rassemblement en bloc à une formation en 2 colonnes de marche, le 15 au matin, on ne disposait jusqu'à Gravelotte que d'une seule route profondément encaissée, sur laquelle la durée d'écoulement des troupes, bagages, parcs et convois (voitures doublées) ne pouvait être inférieure à 24 heures, en supposant une vitesse constante de 4 kilomètres à l'heure.

Lorsqu'il a prescrit les dispositions qui précèdent, Bazaine a-t-il voulu retarder le plus possible le débouché de son armée sur les plateaux à l'ouest de Metz? Il est permis de le croire, sans qu'on puisse l'affirmer, attendu que son incapacité, en tant que chef d'armée, dépassait toutes les bornes.

Le combat de Borny.

Le 14 août, vers 4 heures de l'après-midi, le canon se fit entendre, du côté de Colombey, en face des positions occupées par le centre du 3e corps. Le combat de Borny commençait.

Au cours de la lutte qui prit fin vers 8 heures 1/2 du soir, Bazaine, de sa personne auprès du 3e corps, ne donna aucun ordre, n'indiqua aucune disposition d'ensemble, laissa chacun agir à sa guise, bref, ne fit nullement acte de commandant en chef.

Très mécontent d'un engagement qu'il jugeait intempestif et dont il attribuait la cause aux lenteurs apportées par les troupes à exécuter leurs mouvements de retraite, commencés un peu après 3 heures, le maréchal ne se fit pas faute de témoigner sa mauvaise humeur et s'efforça de modérer plutôt que d'exciter l'ardeur des combattants.

C'est en parcourant à cheval le terrain du 3e corps qu'il reçut à l'épaule une contusion.

Quand le combat de Borny, à forme indécise, eut cessé, faute d'y voir, le maréchal Bazaine répondit aux officiers de la Garde et des divisions du 3e corps, accourus pour lui demander des ordres, qu'il fallait se conformer sans retard aux dispositions antérieurement fixées pour le passage de la Moselle.

Ensuite, escorté des officiers de l'état-major général venus de Metz sur le terrain du combat, le maréchal Bazaine se rendit en ville, mit plusieurs heures à atteindre le pont des Morts, par suite de l'encombrement des rues, et continua jusqu'au village de Moulins, où fut placé son quartier général.

En passant à Longeville, vers minuit, le commandant en chef se fit introduire chez l'empereur logé depuis quelques heures dans ce village, lui présenta le combat de Borny comme un succès et reçut en réponse ce compliment : « Eh bien, maréchal, vous avez donc rompu le charme ? »

L'empereur recommanda ensuite à Bazaine « *de ne rien livrer au hasard* ».

Celui-ci n'y était que trop disposé.

Enfin, vers une heure du matin, le commandant de l'armée du Rhin atteignit son logement de Moulins, ayant mis 4 heures à parcourir une dizaine de kilomètres à travers une cohue sans nom.

Une fois dans sa chambre, le maréchal refusa de s'occuper des mesures à prendre pour remédier, autant que possible, à l'encombrement et au désordre qui régnaient dans les rues de Metz et sur la route de Gravelotte.

Il renvoya donc le général Jarras sans rien vouloir entendre et se mit au lit.

Le lendemain matin, vers 5 heures, quand le général Jarras se présenta pour être reçu chez le maréchal, il fallut qu'il usât de violence pour se faire introduire auprès de lui.

La pseudo-marche sur Verdun.

Jamais armée en déroute n'a offert un spectacle comparable à celui dont les rues et les ponts de Metz ont été le théâtre pendant la nuit du 14 au 15 août 1870.

Pour s'en faire une idée, on saura que le pont des Morts a été franchi, simultanément, par 2 files de voitures suivant la chaussée, un régiment de dragons, en colonne par un, sur un trottoir, et un régiment d'infanterie, en colonne par 2, sur l'autre trottoir.

Par son incapacité, sa paresse et peut-être sa perfidie, le maréchal Bazaine avait contribué pour une large part à ce résultat pitoyable, mais l'empereur lui avait laissé, le 12 août, une succession bien lourde. Depuis la soirée du 6 août, le temps n'avait cependant pas manqué à Napoléon III pour assurer en toute sécurité la marche rétrograde de l'armée de Lorraine vers l'intérieur du pays, en vue de se reconstituer et de grossir ses effectifs à l'aide des immenses ressources en hommes qu'offraient les anciens soldats rappelés, voire même l'institution de la garde mobile.

A la suite du combat de Spicheren, les Allemands, sous l'influence de fausses manœuvres par leur gauche, avaient apporté à leur départ de la Sarre des lenteurs qui favorisaient singulièrement la retraite des Français.

Ici intervient la politique intérieure de la France. Napoléon III craignait autant, sinon plus, l'opinion publique que les armées allemandes.

Sachant son trône à la merci des événements, la crainte d'en être dépossédé le conduisit à subordonner les opérations de son armée à l'intérêt dynastique.

C'est donc à l'empereur que l'on doit faire remonter la cause première de la capitulation de Metz, comme c'est à lui qu'est due en partie la capitulation de Sedan.

Ecrivant de Rethel, le 5 septembre 1870, à son ami le général de Stiehle, chef d'état-major de la IIe armée, Moltke, après avoir raconté le départ de Napoléon III pour Bouillon, terminait sa lettre par ces mots cruels, mais justes :

« Devait-il sacrifier 80.000 hommes pour couvrir sa retraite ? »

Le combat de Borny n'a pas beaucoup retardé le passage de l'armée française, de la rive droite sur la rive gauche de la Moselle, parce que les dispositions prises pour ce passage étaient si défectueuses que l'encombrement des rues de Metz, survenu le 14 au matin, ne pouvait disparaître avant la matinée du 15.

A la suite des marches exécutées dans le courant de la journée du 15 août, les 2e et 6e corps campèrent au sud et au nord de Rezonville, face au nord-ouest, le 3e corps près de Verneville, face au nord-ouest, le 4e corps dans la vallée de la Moselle, rive gauche, entre Woippy et le fort Moselle, la Garde à Gravelotte.

La bataille de Rezonville.

Les corps d'armée reçurent de Bazaine l'ordre de se tenir prêts à partir, le 16, à 4 h. du matin. Le maréchal Lebœuf avait succédé dans le commandement du 3e corps au général Decaen, grièvement blessé au combat de Borny. Sur l'observation écrite de ce maréchal, que, le 4e corps étant encore dans la vallée de la Moselle, il conviendrait peut-être d'attendre son arrivée à Doncourt avant de remettre l'armée en marche, Bazaine fit suspendre le départ général du lendemain matin, 16 août, et l'annonça comme probable pour midi.

On sait que le IIIe corps prussien venu, le 15 au soir, sur la rive gauche de la Moselle, à Novéant et Arnaville, attaqua le 2e corps français, le 16 août, vers 10 heures du matin, le contraignit à la retraite et, renforcé par le Xe corps, celui-ci très morcelé, parvint, quoique difficilement, à soutenir la lutte jusqu'à la nuit contre toute l'armée française de Lorraine.

Le 16 août, Bazaine laissa échapper une victoire éclatante, par suite de sa préoccupation à se relier étroitement aux défenses de la place de Metz, préoccupation qui eut pour conséquence le renforcement excessif et impardonnable de l'aile gauche française, sur une partie du champ de bataille, exclusive, en raison de sa nature boisée, de toute action décisive.

Le recul sous Metz.

Le 16 de grand matin, l'empereur avait quitté l'armée de Lorraine pour se rendre à Verdun et de là sur Châlons.

Le maréchal Bazaine ne sut pas déguiser la satisfaction que lui causait son départ.

A partir de ce moment, il devint absolument libre de maintenir l'armée de Lorraine sous les murs de Metz.

Aussi, à la suite de la bataille du 16, plutôt favorable à nos armes en dépit des dispositions fautives de Bazaine, celui-ci ramena-t-il ses troupes sur le plateau de Rozerieulles-Saint-Privat, qui mesure entre ces deux points une dizaine de kilomètres.

Le prétexte de ce recul, au lendemain d'une journée de luttes presque victorieuses, fut la nécessité de se ravitailler en subsistances et en munitions, comme si une armée devait aller elle-même chercher ses approvisionnements chargés sur voitures quand le rôle essentiel des parcs et des convois est d'amener aux troupes les objets qu'ils transportent.

D'ailleurs, au moment même où Bazaine donnait ses ordres de repliement sur les positions au nord-est de Metz, il faisait reconnaître les emplacements que devaient occuper les corps d'armée à l'intérieur des défenses de la place, et, le 18, vers onze heures du matin, avant que le premier coup de canon de la bataille de Saint-Privat eût été tiré, une lettre de lui au maréchal Canrobert annonçait la retraite de l'armée, pour le soir même ou le lendemain, dans le camp retranché, en donnant à ce mouvement fatal des motifs grotesques comme ceux-ci :

« Ce sera pour rendre les ravitaillements plus faciles, *donner une plus* « *grande quantité d'eau aux animaux* (!) et *permettre aux hommes de se* « *laver* (!)... »

Le but de Bazaine, en offrant à l'ennemi une bataille défensive, le 18 août, sur le front Rozerieulles-Saint-Privat, consistait à lui faire le plus de mal possible, et aussi, à opérer sur sa propre armée une saignée abondante qui calmerait son ardeur et la disposerait à attendre patiemment d'autres événements.

V

Faiblesse et ruse

Du 14 au 19 août, Bazaine a toujours affirmé à l'empereur, au ministre de la Guerre, au maréchal de Mac-Mahon, et, en général, à tous ceux qui ont été en rapport avec lui, que son intention formelle était de conduire son armée à Châlons, d'abord par Verdun, plus tard par Longuyon et Montmédy.

Or, tous ses actes, à partir du 12 août, jour de sa prise de commandement de l'armée du Rhin, démontrent de la façon la plus évidente qu'à aucun moment il n'a songé à quitter les abords immédiats de la ville de Metz.

Le maréchal Bazaine avait trop de finesse naturelle pour s'illusionner sur le sort qui attendait son armée si, franchissant la Moselle le 14, elle s'avançait, le 15, dans la direction de Verdun pour, de là, gagner Châlons.

Sachant, le 13, que de grandes masses allemandes étaient parvenues à courte distance du front Pont-à-Mousson-Nancy, Bazaine devait conclure à leur marche rapide dans la direction de la Meuse pour gagner de vitesse l'armée de Lorraine et la contraindre à combattre en rase campagne, à raison de 1 contre 2, ou, même, contre 3.

Les doctrines enfantines de l'état-major général français de cette époque en matière de marches d'armée voulaient que l'on employât uniquement les routes impériales et que l'on fît marcher, en conséquence, sur la même route, deux corps d'armée à concentrer, chaque soir après la marche, en des camps très rapprochés l'un de l'autre.

Il suit de là qu'en utilisant la route de marche depuis 4 heures du matin jusqu'à 6 heures du soir, c'est-à-dire pendant 14 heures consécutives, les 2 corps de la même colonne, ayant ensemble une durée d'écoulement de 9 à 10 heures, ne pouvaient avancer que d'une étendue correspondant à 4 heures de marche ($14 = 10 + 4$), soit 15 ou 16 kilomètres.

A la même époque, les Allemands attribuaient, sauf exception, un itinéraire distinct à chacun de leurs corps d'armée, parce qu'ils avaient fait reconnaître avant la guerre la viabilité du théâtre des opérations probables. Sur ces itinéraires, les corps d'armée pourvus d'avant-gardes assez fortes et assez éloignées pour procurer aux gros, même par le combat, le temps de se rassembler, les corps d'armée, disons-nous, stationnaient tous les soirs, de chaque côté de leur route de marche, *sur une profondeur de 10 à 20 kilomètres.*

Un de ces corps d'armée, ayant une durée d'écoulement de 6 heures et qui avait stationné, la nuit précédente, sur une profondeur de 12 kilomètres, par exemple, pouvait, en utilisant la route pendant 14 heures (de 4 heures du matin à 6 heures du soir), parcourir 44 kilomètres ou trois fois plus de chemin qu'un corps d'armée français, celui-ci soudé à un autre corps d'armée sur la même route *avec l'obligation, résultant de l'incapacité manœuvrière du haut commandement, de stationner, chaque soir, côte à côte avec lui.*

Les troupes françaises prises en elles-mêmes étaient susceptibles de faire de très longues étapes, mais l'extraordinaire infériorité tactique du commandement, à tous les degrés, les obligeait, en tant qu'éléments d'armée, à des marches courtes.

Pour nous, d'après des calculs ayant pour base les doctrines tactiques opposées, si l'armée de Lorraine, lente à se mouvoir, se fût portée, le 15 août, des abords ouest de Metz sur Verdun, elle eût atteint cette ville sans encombre, le 17, mais aurait subi, le 20 ou le 21 août, entre Dombasle et Clermont en Argonne, un désastre dans le genre de celui qu'a essuyé l'armée de Châlons, le 1ᵉʳ septembre, à Sedan.

C'eût été ensuite l'occupation, par les Allemands, des grands centres du territoire et l'impossibilité pour la France de lever de nouvelles troupes.

Le maintien de 200.000 Allemands devant Metz, depuis le 19 août jusqu'au 29 octobre, a seul permis, suivant notre opinion, au gouvernement de la défense nationale d'organiser la résistance et de la faire durer jusqu'au mois de février 1871.

L'immense tort, ou, si l'on veut, le crime de Bazaine, imputable à son défaut de caractère, a été de faire croire à tous, partout et toujours, qu'il avait l'intention de quitter Metz, alors que, dans son for intérieur, il était bien résolu à ne pas s'en éloigner.

Etant donnés *l'insuffisance du commandement et le temps perdu* en atermoiements du 7 ou 12 août, la solution qu'a prise le maréchal

Bazaine était *la seule judicieuse*, mais, encore une fois, il fallait avoir le courage de l'adopter franchement et d'en faire ressortir les avantages comparés aux dangers d'une retraite talonnée et débordée par des forces ennemies triples au service d'un commandement manifestement supérieur.

Que l'on suppose, au contraire, un Bazaine franc et loyal, annonçant qu'il retiendra devant lui pendant trois mois 200.000 Allemands.

L'armée de Châlons se retire sur Paris, y laisse une garnison suffisante et va former, soit en Bretagne, soit au sud de la Loire, ou simultanément dans ces deux régions, le noyau de formations nouvelles pouvant atteindre le chiffre de 300 à 400 mille hommes.

L'issue de la campagne en eût été singulièrement modifiée à notre avantage.

Mais, ainsi qu'il arrive toujours, Bazaine, une fois entré dans la voie du mensonge, n'a pu en sortir.

Le 19 août, il ment à l'empereur quand il lui écrit :

« L'armée s'est battue toute la journée sur les positions de Saint-Pri-« val à Rozérieulles *et les a conservées* (?)... *Je compte toujours prendre « la direction du nord et me rabattre par Montmédy.....* »

On croit volontiers ce que l'on espère.

Le gouvernement impérial, désireux de tenir Napoléon III éloigné de la capitale, prend pour une certitude ce qui était, de la part de Bazaine, une simple gasconnade, et il lance l'armée de Châlons sur Montmédy, au secours de l'armée de Lorraine.

Le 23 août, Bazaine reçoit du maréchal de Mac-Mahon une dépêche datée du 21, rendant compte du départ de l'armée de Châlons, ce jour-là, de Reims dans la direction de Montmédy.

Cette dépêche, Bazaine la tient secrète et ne la communique même pas, le 26, aux commandants de corps d'armée, réunis en prévision d'une sortie à exécuter vers le nord-est, comme si l'on voulait marcher sur Berlin.

Toutes les opérations extérieures auront lieu d'ailleurs vers le nord et, sauf celle de Ladonchamp, sur la rive droite, où l'on présume, à juste titre, que l'ennemi a des forces moindres que partout ailleurs.

En agissant ainsi, Bazaine espère obtenir quelques succès partiels et momentanés qui relèveront le moral de ses troupes et les encourageront à attendre avec plus de patience l'événement politique qui doit les libérer de leurs misères.

C'est que Bazaine ne croit pas que la guerre puisse se prolonger.

Jugeant l'empereur fini, il compte sur l'impératrice, dont la régence est à ses yeux de droit, sinon de fait, pour traiter de la paix.

Dans ce but, il entame des pourparlèrs avec l'ennemi et en obtient l'autorisation d'envoyer le général Bourbaki en mission auprès de l'Impératrice et, plus tard, le général Boyer au grand quartier général de Versailles, puis à Londres.

Si ses propositions sont acceptées, Bazaine aura le pouvoir, avec le titre de régent, jusqu'à la majorité du prince impérial. Mais les jours se succèdent, amenant la destruction lente et sûre des forces vives de l'armée de Lorraine.

Les missions des généraux Bourbaki et Boyer échouent; les démarches louches d'un aventurier du nom de Régnier, également.

La fin approche, et aussi, le châtiment.

Plein de gentillesses à l'égard du vainqueur, ainsi qu'un chien léchant la botte qui l'a frappé, Bazaine nourrit le fol espoir d'obtenir, par ses bassesses de valet, des conditions meilleures, et il n'hésite pas, lui, le sceptique des sceptiques, à considérer comme de simples chiffons ses drapeaux qu'il extorque aux colonels par un mensonge éhonté, dans le but exécrable de les livrer à l'ennemi en même temps qu'un matériel de guerre immense et intact.

Un tel crime, à lui seul, méritait la mort.

VI

Le châtiment

La psychologie de Bazaine telle qu'elle résulte de ses actes de commandant en chef, aussi bien durant la période qui a précédé les grandes batailles sous Metz que pendant l'investissement de l'armée de Lorraine, est bien faite pour déconcerter.

Comment un maréchal de France dans toute la force de l'âge (59 ans), choyé du public et de l'armée qui le tenaient pour un chef illustre entre tous, comment « notre glorieux Bazaine », suivant l'expression favorite de Jules Favre, a-t-il pu perdre en moins de trois mois son prestige, la considération qu'il inspirait et tomber au rang de criminel ?

C'est en présence de circonstances difficiles, et surtout dans l'adversité, que se révèlent les caractères, mais les hommes tout d'une pièce sont rares, disons même qu'à une certaine hauteur sociale on ne rencontre plus guère de natures simples ; Bazaine en est un exemple. Chez lui, les éléments psychiques essentiels paraissent avoir été : une ambition démesurée, la passion de l'intrigue, une vanité extrême et le scepticisme le plus absolu. Si l'on ajoute à ces défauts essentiels un esprit fin et délié, une nonchalance de corps et d'esprit tout orientale et l'ignorance la plus complète de la méthode napoléonienne pour nourrir, faire mouvoir, cantonner, manœuvrer et combattre une armée de 150.000 hommes, on aura en raccourci les facteurs d'ordre psychologique qui ont inspiré les sentiments, les pensées et les actes du commandant en chef de l'armée du Rhin depuis le 5 août jusqu'au 29 octobre, jour de la capitulation de l'armée et de la place de Metz.

Le 6 août, nous voyons Bazaine marchander des secours au général Frossard, autant par méchanceté que par ignorance.

Le 8 août, il s'essaie comme manœuvrier en organisant la retraite de 5 divisions d'infanterie et d'une division de cavalerie, de Saint-Avold et de Puttelange sur la Nied Allemande, et il aboutit à un résultat lamentable.

Son insuccès personnel du 8 août dut convaincre Bazaine que, ni lui, ni les autres maréchaux ou généraux n'étaient de taille à faire marcher et manœuvrer avec ordre et célérité une armée de cinq corps.

De là à juger indispensable de se tenir dans le rayon d'action des forts de Metz pour n'en pas sortir, il n'y avait qu'un pas.

Ce pas, Bazaine le franchit, le 12 août, quand il prit la succession de l'empereur, comme général en chef de l'armée du Rhin.

Ce commandement naguère si convoité allait devenir pour Bazaine la tunique de Nessus, un instrument de tortures.

Pour les ambitieux d'honneurs et non de gloire, la punition commence le jour où, se trouvant pourvus d'une charge au-dessus de leurs forces, de grands événements surgissent qui réclament de leur part les qualités qu'ils ne possèdent pas.

A partir du 12 août, Bazaine, bien que généralissime, ne put dépouiller l'âme de courtisan qui était en lui, et, tous les désirs de l'empereur, il s'efforça, en apparence au moins, de les satisfaire, mais, au fond, sa résolution de ne pas quitter les abords de Metz était prise irrévocablement.

C'est alors que commencèrent de sa part les mensonges qui devaient le conduire aux pires extrémités.

Dans quel but a-t-il fait à l'empereur, dans la soirée du 13 août, le premier mensonge qui l'a entraîné dans l'engrenage, sinon par orgueil professionnel, afin de ne pas avouer que lui et ses généraux étaient incapables d'assurer les opérations combinées des 5 corps de l'armée de Lorraine en rase campagne, sachant des forces au moins doubles lancées contre elles à la façon d'une meute ardente?

On se faisait une idée assez juste de la situation, au grand quartier général français, celui-ci foncièrement hostile au maréchal Bazaine, si l'on en juge par l'extrait, ci-dessous, du journal d'un officier de l'armée du Rhin qu'a publié en 1871 M. le lieutenant-colonel d'état-major Fey, devenu dans la suite commandant de corps d'armée.

« Je crois que (le 16) nous ne pouvions pas continuer notre mouvement « (de retraite sur Verdun et Châlons). Nous aurions réussi à passer le « 16 au soir, même le 17 au matin….. Mais, après avoir forcément sacrifié « tous nos bagages, nous aurions éprouvé un grave échec, les jours- « suivants,….. enfin Metz aurait été enlevée plus tôt.

« Aussi, ai-je toujours pensé que les Prussiens, en nous rejetant dans « Metz, avaient commis une faute. »

Bazaine a donc soutenu envers et contre tous, aussi bien au cours de son commandement de l'armée du Rhin que plus tard devant la commission d'enquête sur les capitulations et au conseil de guerre de Trianon, qu'il n'avait cessé un seul jour de vouloir quitter Metz pour opérer sa jonction avec le maréchal de Mac-Mahon.

Jamais Bazaine n'a avoué son incapacité à commander l'armée de Lorraine en rase campagne, et il est mort impénitent.

A l'époque de la Terreur, on tranchait la tête aux généraux malheureux.

Ce système présentait l'inconvénient de supprimer un certain nombre de bons chefs que la fortune avait trahis, mais elle avait ceci d'avantageux qu'elle éloignait des avenues conduisant au pouvoir les nombreux arrivistes que l'on voit, en temps ordinaire, jouer des coudes pour se pousser au faîte.

Si, le 7 août au matin, Bazaine eût été, non pas guillotiné — les mœurs se sont adoucies depuis 1793 — mais renvoyé de l'armée pour n'avoir pas renforcé le 2ᵉ corps avec ses quatre divisions disponibles, la France n'aurait pas connu les ignominies dont s'est rendu coupable le commandant du 3ᵉ corps, appelé, le 12 août, au commandement suprême.

Nous ne voulons pas dire par là que l'armée de Lorraine, commandée comme elle l'était, aurait pu gagner Verdun et Châlons sans encourir une défaite.

Mais, en admettant le maintien presque inévitable de cette armée aux abords de la place de Metz, le rôle qu'elle eût joué sous le commandement d'un Ladmirault ou d'un Deligny aurait été bien différent de celui que Bazaine lui a imposé.

Enfin, point essentiel, le pouvoir central, une fois au courant des intentions du généralissime, n'eût pas lancé l'armée de Châlons, son suprême espoir, dans la direction de Montmédy, au risque de la voir tomber dans le gouffre, et cette armée aurait servi à en former deux ou trois autres, susceptibles, à force de persévérance et d'abnégation, de mériter la victoire et d'assurer ainsi l'intégrité du territoire national.

TABLE DES MATIÈRES

—

LA MANŒUVRE DE MAGENTA (1859)

Croquis

LE DÉSASTRE DE METZ (1870)

I

II

III

IV

V

VI

Croquis

Poitiers — Imprimerie de la *Revue des Idées* (BLAIS et ROY).

www.ingramcontent.com/pod-product-compliance
Ingram Content Group UK Ltd.
Pitfield, Milton Keynes, MK11 3LW, UK
UKHW021528090726
13657UKWH00001B/468